孙宜学◎主编

道德经

[春秋] 老子◎著　李金水◎译注

朝华出版社
BLOSSOM PRESS

图书在版编目（CIP）数据

道德经 /（春秋）老子著；李金水译注 . -- 北京：
朝华出版社，2024. 8.（2024. 11 重印）. --（启秀文库 /
孙宜学主编）. ISBN 978-7-5054-5482-8

Ⅰ . B223.1

中国国家版本馆 CIP 数据核字第 2024HS5900 号

道德经

[春秋] 老子　著

李金水　译注

选题策划　黄明陆　李金水
责任编辑　刘小磊
责任印制　陆竞赢

出版发行　朝华出版社
社　　址　北京市西城区百万庄大街 24 号　　邮政编码　100037
订购电话　（010）68996522
传　　真　（010）88415258
联系版权　zhbq@cicg.org.cn
网　　址　http://zhcb.cicg.org.cn
印　　刷　三河市龙大印装有限公司
经　　销　全国新华书店
开　　本　920mm×1260mm　1/16　　　　　字　　数　151 千
印　　张　12.5
版　　次　2024 年 8 月第 1 版　　2024 年 11 月第 2 次印刷
装　　别　精
书　　号　ISBN 978-7-5054-5482-8
定　　价　36.00 元

"启秀文库"编委会

总 策 划　黄明陆

执行策划　李金水

主　　编　孙宜学

副 主 编　陈曦骏

编　　委　（按姓氏笔画排序）

万 平	马 骅	王 圣	王应槐	王奕鑫
王福利	尹红卿	白云玲	刘莹莹	刘慧萍
关慧敏	江晓英	花莉敏	杜凤华	李慧泉
杨 雪	肖玉杰	吴留巧	邱小芳	余 杨
宋沙沙	张 莹	张艳彬	张晓洪	张婷婷
陈宇薇	林萱素	易 胜	罗诗雨	胡健楠
段晨曦	徐长青	殷珍泉	陶立军	曹永梅
董洪良	韩 榕	端木向宇	谭凌霞	

封面题签　赵朴初

总序

　　中国传统文化经典作品是中国智慧的结晶和集中体现，源于中国人的生存智慧、生命智慧，是一代代中国人对天地万物、时序经纬的心灵感悟和提炼总结，已成为人类精神文明的宝贵财富。至今，这些作品仍能释日常生活之惑、解亘古变化之谜，为世界的未来提供中国范式。

　　中国和世界需要既包蕴中国传统文化精髓，又能真实反映新时代中国文化新发展、新概念的中国传统文化经典著作，这样的著作应具备以下特点：

　　1. 兼具知识的广度与理论的深度。能撷取中华优秀传统文化的精华，体现中国人的思维方式和中国文化特质，同时具有内在的理论逻辑，集知识性、系统性、科学性于一体。

　　2. 兼具学术的高度和历史的维度。能讲清楚"何谓'文'""何谓'化'"和"何谓'文化'"，并立足于中国和世界文化发展史，以中国传统文化典籍为历史线索，阐释、勾勒出中国文化发展历史的昨天、今天和明天。引导读者通过中国文化内涵的特殊性和普适性元素了解中国文化如何不断推陈出新，中国智慧如何不断博观约取、吐故纳新。

　　3. 兼具精准的角度和客观的态度。能基于读者的客观诉求、阅读习惯和审美习惯，充分发掘和利用中国的地域、经济和文化特点，全面深入研究中国文化资源，保证经典著作能"贴近不同区域、不同国家、不同群体受众"，更直接有效地"推进中国故事和中国声音的全球化表达、区域化表达、分众化表达"。

4. 兼具多元的维度与开放的幅度。能基于世界阅读中国的目标，从中外文化互鉴视角，成为世界文化多维度交流互鉴的载体和可持续阐释的源文本。

我们选编这套"启秀文库"，即因此，并为此。中国人阅读这些作品，可以学会更好地生活；外国人阅读这些作品，可以了解和理解中国人的美好生活是一种什么样的历史形态。中外读者共同汲取其中的智慧，可以知道如何建设一个和谐美丽的世界，以及未来的世界会如何美好。

伟大的经典作品，都是为了将日常的生活变得更加美好。在建设"人类命运共同体"的今天，中国文化的精神滋养不应只培育中华民族子孙的天下情怀，还应引导世界人民学会欣赏中国之美、中国之魂、中国之根，在促使世界更深刻理解中国的历史和当代的同时，实现不同民族文化的和谐相处、共生共进。

在中华民族开启向第二个百年奋斗目标进军的新征程之际，中国文化发展也必将进入一个新阶段。这套丛书的时代价值，在于其将"中华文化感召力、中国形象亲和力、中国话语说服力、国际舆论引导力"融入编写、注释和诠释的全过程，从而使传统文化经典作品更能适应新时代，更有能力承载与传播中华文化精髓，向世界讲好中国故事。

孙宜学

2024 年 7 月

于同济大学

《道德经》是我国春秋时期伟大的思想家、哲学家、道家学派创始人老子的著作，又称作《老子》。

相传，当时周朝的边境守关官员尹喜擅长"望气"，他观察到有一片紫色的云气自东向西冉冉而来，断定将有圣人路过关口，便辞掉官职，在关口等候圣人的到来。

果然过了不久，就看见一个鹤发童颜的老者骑着青牛而来。尹喜认定老者是他要等的圣人，便对他说："您要隐归了，请为我写一部书吧。"于是老者写下了讲述有关"道""德"的文字五千余言，随后出关而去。这位老者，就是被后世奉为"道家之祖"的老子，他写的五千余言，就是今天读到的《道德经》。

据史书记载，老子姓李名耳，字伯阳，谥号聃，生于春秋陈国苦县厉乡曲仁里（今安徽涡阳，一说河南鹿邑。老子去世后，苦县又属于战国楚国和汉朝楚国），曾做过周朝的"守藏室之史"（相当于今天的国家图书馆馆长）。

《史记》记载，孔子曾"问礼"于老子。回来后，孔子对弟子们说："鸟，我知道它能飞；鱼，我知道它能游；兽，我知道它能走……至于龙，我就不知道了，它是乘着风云在天空飞翔吗？我今天见到了老子，他真像龙一样啊！"从孔子对老子的尊敬程度，可以知道老子的思想和修养之高深。

《道德经》一书分为八十一章。尽管全书只有五千余字，但从古至今，研究《道德经》的文字已经有几千万字之多，注解《道德经》的名家也有数十家。可以说，《道德经》是世界文化史上最具原创性和启发性的著作之一。按照前人的说法，几乎是"一字就涵盖一个观念，一句就含有'三玄三经'的妙义"。因此，要想在一篇短文里说清楚它的内涵，是不可能的。

尽管如此，只要我们能抓住"道"和"德"两字的要义，也就把握了《道德经》五千言的大概要点。

老子所说的"道"，是指宇宙万物的本原、本体。"有物混成，先天地生。寂兮寥兮，独立而不改，周行而不殆，可以为天地母。吾不知其名，强字之曰道"（二十五章）。"道生一，一生二，二生三，三生万物。"（四十二章）"道可道，非常道。"（一章）老子认为，世界上的一切都从"道"中产生，而这个"道"是不能用普通的语言表达出来的。

"德"是指"道"的本性，或者说，是不可捉摸的"道"发生作用的方式。"孔德之容，惟道是从。"（二十一章）借用传统哲学的术语，可以说"德"是"道"之"用"。对"道"而言，它是"道"之"德"；而对由"道"而产生的万物（包括人）而言，它又指万物的本性特质或发生功用的方式。如天有"天德"，地有"地德"，水有"水德"。

老子思想的要点，就是要求人们去深入体会"道"的微妙内涵，遵循"道"所体现的方式"德"去保守、涵养这个"道"，以成就自己的事业，实现完满的人生。

可以说，一部《道德经》，就是在这样一个总的指导思想下写成的。老子在书中所提出的有关治国、为人处世和个人修养方面的一系列观点，也都是以他对"道"和"德"的深入领悟为基础的。比如：

"上善若水。水善利万物而不争，处众人之所恶，故几于道。"（八章）

"是以圣人抱一为天下式。不自见，故明；不自是，故彰；不自伐，故有功；不自矜，故长。"（二十二章）

"道常无为而无不为。侯王若能守之，万物将自化。"（三十七章）

"自然"是老子思想中另一个重要的概念。通过对老子反对提倡"仁义"，反对"尚贤"的观点的分析，可以帮助理解老子"自然"的概念以及老子的整个思想。

作为一个圣人，老子并不是真正反对"仁义"，而是反对把仁义作为一个招牌。

"大道废，有仁义。"（十八章）"故失道而后德，失德而后仁，失仁而后义，失义而后礼。"（三十八章）

老子认为"仁""义"并不是事物的本源，和美丑、善恶一样，只是相对的概念，很容易被人当作招牌利用，其结果，对社会和百姓都不利，所以，不如返本归源，顺其"自然"，"人法地，地法天，天法道，道法自然"（二十五章）。"自然"就是"本来如此"。老子其他的一些论点，如"绝圣弃智""不尚贤"等出发点亦如此。顺其"自然"可以说是老子开出的"医世"之方。

老子的思想，在中国的历史文化中扮演了至关重要的角色。细读中国几千年的历史就会发现，自汉、唐开始，包括接下来的宋、元、明、清，各个朝代在其鼎盛时期，政事上都是"内用黄老，外示儒术"。孔孟的儒家思想只是外在招牌，而实际的领导思想，则是黄帝、老子的思想。在历史上，每当时代变化乱到极点时，出来"拨乱反正"的人物，都是道家人物。如商汤时的伊尹、商王武丁时的傅说，周朝开国时的姜太公，春秋开国末期的范蠡，汉朝开国时的张良、陈平，三国时的诸葛亮，明朝时的刘伯温，他们的一贯作风，就是老子所说的"功遂身退"。在帝王中，开创"文景之治"的汉文帝刘恒和被称为"千古一帝"的清康熙皇帝，都是善用"黄老"的高手。

在学术思想上，老子的学说对中国哲学的发展有巨大的影响，可谓"综罗百代，博大精微"（清·纪晓岚语）。春秋战国时期的九流百家，大抵都受到过老子的影响。今天在世界上被奉为"兵法之祖"的《孙子兵法》，其思想源头也是《道德经》。

关于老子的思想，还有一点值得特别注意：尽管老子的思想被后世利用，作为统治术的最高原则，但老子的本意并不是主张权术，使用阴谋。老子的思想，是和殷商以前中国的传统哲学，即《易经》的思想一脉相承的。老子贵"柔"、主张走"顺道"，是秉承"坤"即大地的德行。"坤至柔而动也刚，至静而德方，后得主而有常，含万物而化光。坤道其顺乎，承天而时行。"（《易传·文言传》）"地势坤，君子以厚德载物。"（《易传·象传上》）"夫坤，天下之至顺也，德行恒简以知阻。"（《易传·系辞下》）

乾刚坤柔，天阳地阴。这里的阴是阴阳对立之阴，而不是阴谋诡计之阴。"一阴一阳之谓道"。阴和阳是构成世界的两种力量，是互为因果，互相转化的。老子贵柔用阴，是效法大地之德，即"人法地"之意。传说中老子骑青牛出函谷关，颇有深意。青为东方，牛的卦象为坤，亦有负重之喻，和老子的思想颇为吻合。另外，老子"物壮则老""功遂身退，天之道"的思想，和《易经》乾卦上九"亢龙有悔"的思想也是一致的。

老子是一位悟道的圣人，正因为如此，他所提出的原则和观点才会有如此万古长新的魅力，才会对中国几千年的历史和文化产生如此巨大的影响。完全有理由相信，只要有人类存在，老子的学说就会一直存在下去，并且会不断地给人们以新的启示。

目录

下篇　德经

上篇 道经

——一章　论道：天生万物——

道①可道②，非常道；名③可名④，非常名。无，名天地之始。有，名万物之母⑤。故常无，欲以观其妙；常有，欲以观其徼⑥。此两者，同出而异名，同谓⑦之玄⑧。玄之又玄，众妙之门⑨。

注释　①道：名词，宇宙本原。引申为原理、原则、真理、规律等。②道：动词，解说、表述。③名：名词，"道"的形态。④名：动词，说明。⑤母：母体，根源。⑥徼（jiào）：边际，边界。引申为事物的表象。⑦谓：称谓。此处为"指称"。⑧玄：深黑色，玄妙深远的意思。⑨门：门户，此处指产生宇宙间一切奥妙的门户。

译文　能够用言语解说的道理，就称不上是恒常的大道。能够用文字表白的概念，就称不上是恒常的概念。不能用言语述说的初始状态，是混沌宇宙的本源。已经用言语表明了的概念，是孕育万事万物的母体。所以，常保持虚无的状态，是意图看清世界的本质；常保持实有的状态，是意图明见事物的表象。虚无和实有，这两种事物来源相同而名称不同，它们都称得上是玄秘的现象。玄秘之中的至高至上者，便是产生宇宙间一切奥妙的门户。

河上公：无名者，谓道。道无形，故不可名也。始者，道本也。吐气布化，出于虚无，为天地本始也。有名，谓天地。天地有形位，阴阳有柔刚，是有其名也。万物母者，天地合气生万物，长大成熟，如母之养子。

王弼：凡有皆始于无。故未形无名之时，则为万物之始；及其有形有名之时，则长之育之，亭之毒之，为其母也。言道以无形无名，始成万物。以始以成，而不知其所以，玄之又玄也。

明太祖：道可道，指此可道言者，盖谓过人之大道。道既成，名永矣。即非常之名，可行焉，可习焉。

经典赏析 老子在《道德经》开篇点出"道可道，非常道"，初步揭示了"道"的真正内涵。

"道"是《道德经》要讲述的核心问题之一。天地生成以后，"道"就在万事万物中发挥着自身的作用，贯穿万物生成、生长、发展、消亡的始终，作为一种自然规律客观地存在着。提起"道"，我们不免会在头脑中想象它的模样。然而，我们的想象往往带有很大的局限性和主观性，真正的道是不以人的主观意志为转移的，是客观存在的，但又是看不见摸不着的。正所谓"大道无形"，我们主观想象出的"道"的样子，不是真正的"道"，只能称得上"名"。"名"这个概念也是不能用语言和文字来描述和形容的，语言文字的局限性比想象的局限性更大。如果用语言文字来描述大道，只能与大道背道而驰。既然不能用语言文字来描述大道，如何才能认识大道呢？我们不得不采用概念和语言，即"有"和"无"这两个"名"。所谓"有"，就是存在的意思，它代表一种正在孕育万物的状态，是万物的生母，即万物是从"有"中孕育生产出来的。所谓"无"，我们理解为没有，代表天地还没有生成以前的混沌状态，说明天地是从无中生出来的。

一章　论道：天生万物

　　所以，我们可以将"道"理解为一种"无"的状态，一种"有"的能力，它的本源是"无"，却可以生出天地万物。正是如此，我们可以采取"无"的态度去体认大道的玄妙。大道的原始是空无，我们要想体认大道，就必须抛却所有的杂念，将自己恢复到毫无思想意识的孩童时期，达到一种完全虚无的境界。只有这样，我们才能真正体悟到大道的奥妙和玄机。"无"和"有"是我们必须把握的两个概念，它们是打开"众妙之门"的钥匙。只有通过它们，我们才能领悟大道的实质。

二章 治国：随顺自然

天下皆知美之为美，斯①恶②已；皆知善之为善，斯不善已。

有无相③生，难易相成，长短相形④，高下相倾，音声⑤相和，前后相随，恒也。

是以圣人⑥处无为⑦之事，行不言之教，万物作⑧而弗始。生而弗有，为而弗恃，功成而弗居⑨。夫唯弗居，是以不去。

注释 ①斯：则、就的意思。②恶：丑，与美相对。③相：互相。④相形：在相互比较中显现出来。⑤音声：古人将合奏出的乐音称为"音"，单一发出的音响称为"声"。⑥圣人：道家所推崇的最高层次的典范人物，其人格形态与儒家不同。儒家的圣人讲人伦，道家的圣人则任自然，主张"居静""不争"，张扬人的内在生命。⑦无为：顺应自然，不加干涉、管束，一任人们凭自己的想法去做事。⑧作：创造，兴起。⑨弗居：不自我夸耀有功。

译文 天下人都知道怎么样算是美，这样就有了丑；天下人都知道怎么样算是善，这样就有了不善。实有与虚无相互滋生，难与易相辅相成，长与短相互比较而显现，高与下相互依靠而存在，单音与回声相互应和而成曲调，前与后相互接随而成顺序，这是永恒的现象。因此，圣人用无为的观点对待世事，用不言的方式施行教化，听任万物自然生长而不加以干涉。生养万物但不据为己有，养育万物但不仗恃己力，成就万物而不自居有功。正由于不居功，所以功绩不会离开他。

名家解老 河上公：夫唯功成不居其位，福德常在，不去其身也。此言不行不可随，不言不可知疾。上六句有高下、长短。君开一源，下生百端；百端之变，无不动乱。

王弼：美者，人心之所乐进也；恶者，人心之所恶疾也。美恶犹喜怒也，善不善犹是非也。喜怒同根，是非同门，故不可得而偏举也。

明太祖：国王及臣庶有能行道者，笃能行斯大道，勿于道上加道焉，善上更加善焉。凡以巧上此二事者，美则美矣，不过一时而已，又非常道也。故美尽而恶来，善穷而不善至矣。

经典赏析 老子认为，宇宙间的事物都处在运动变化之中，事物从产生到消亡，都是有始有终、经常变动的，宇宙间没有永恒的东西。针对这种认识，虽然学术界在"道"的属性方面有激烈的争论，但学者们都认为老子的这种辩证法思想是其哲学上的显著特征。

老子在本章里指出，天下皆知美之所以为美，一定是有了丑；天下皆知善之所以为善，一定是有了恶。也就是说，事物都有自身的对立面，都是以对立的方面为自己存在的前提。没有"有"也就没有"无"，没有"长"也就没有"短"；相反也是这样，有此即有彼，有彼即有此，这正是中国古典哲学中所谓的"相反相成"。

宇宙间的事物彼此互相对立，又互相依存；不断连锁发展，如此矛盾重重，是非迭起，天下乃不得安宁。而太古世界，人民淳朴。没有不美，也无所谓美；没有不善，也无所谓善。所以，老子主张，人世间仍应返璞归真，故"圣人"之治必须"无为"，处无为之事，行不言之教，使百姓无所感觉，任其自然，在美而不知其美，处善而不觉其善，无矛无盾，无是无非。其中的"无为"并非无所作为，而是要按照自然界的"无为"的规律去办事。在这里。老子不是夸大人的被动性，而是主张发挥人的创造性，如"圣人"那样，用无为的手段达到有为的目的。

大道无言，大道无际。它孕育了天地万物，并使天地万物感受到了它的存在和巨大威力，但无法对其加以准确描述，任何概念和范畴都是牵强的，都没有恰当地概括出大道真义。正是因为这种不准确、不完全、不真实的概念直接影响了我们对大道的领悟，所以我们也就无法真正融入大道无忧愁无烦恼、自由自在的境界中去。

三章 治国：无为境界

不尚贤①，使民不争；不贵②难得之货，使民不为盗；不见③可欲，使民心不乱。是以圣人之治，虚其心④，实其腹，弱⑤其志，强其骨。常使民无知无欲，使夫智者不敢⑥为也。为无为，则无不治⑦。

注释 ①尚贤：尚，崇尚、推崇。贤，品德高尚、才智非凡的杰出人物。②贵：稀有、珍贵，这里指重视。③见：通"现"，出现、显露。这里指展示、炫耀的意思。④虚其心：使他们心里空虚，无巧诈之思，无非分之欲。虚，空虚。心，古人以为心主思维，这里指思想、精神、头脑。⑤弱：削弱。⑥敢：进取。⑦治：治理，含有将天下治理太平之意。

译文 不推崇杰出的人才，以使人民不争夺名利；不重视稀有的珍宝，以使人民不沦为盗贼；不展示能够诱发贪欲的东西，以使人民的心思不被扰乱。因此，圣人治理国家的原则是，简化人民的思想，充实他们的肚腹，弱化他们的精神，强健他们的筋骨。总是要让人民处于没有知识和欲望的状态，并且使那些有才智的人也不敢妄为制造事端。只要遵循无为的原则，就没有治理不好的地方。

河上公：贤，谓世俗之贤，辩口明文，离道行权，去质为文也。不尚者，不贵之以禄，不贵之以官。不争功名，返自然也。

王弼：贵者，隆之称也。唯能是任，尚之曷为？唯用是施，贵之何为？尚贤显名，荣过其任，为而常校能相射。贵货过用，贪者竞趣。穿窬探箧，没命而盗。

明太祖：圣人常自清薄，不丰其身，使民富乃实腹也，民富则国之大本固矣。然更不恃民富而国壮，他生事焉。是为实腹弱志强骨也。

经典赏析 这一章承上章而来，老子进一步阐扬他的社会政治思想——无为而治。

春秋末期，天下大乱，各诸侯国统治者为维持自己的政权，纷纷招揽贤才，一时间整个天下处处崇尚贤才。许多学派和学者都提出"尚贤"主张。这原本是为国家之本着想，但是在尚贤的招牌下，许多野心家竞相争权夺位，抢窃钱财，给民间也带来恶劣影响，因而民心紊乱，盗贼四起，社会处于大动荡、大变动之中。针对这种社会态势，老子大胆提出了他的"不尚贤"主张。这就与诸子百家形成了明显的对立，与当时情形大不适宜。然而在老子的观点中，并不包括贬低、排斥人才的意思。他认为，统治者不要给贤才过分优越的地位、权势和功名，以免使"贤才"成为一种诱惑，引起人们纷纷争权夺利。

本章中，老子向世人透露了他的人生哲学的出发点，他不谈人性的善、恶，而是说人性原本纯洁朴素，有如白纸一张。若社会出现尚贤的风气，人们对此当然不会置若罔闻，肯定会挑动他们的占有欲、追逐欲，从而导致天下大乱。假若不让人们看到可以贪图的东西，他们自然就能保持"无知无欲"的纯洁本性。

杜绝世人的贪欲，并非要剥夺他们的生存权利，而是要尽可能地"实其腹""强其骨"，使天下百姓的生活得到温饱，身体健壮可以自保自养；另外还要"虚其心""弱其志"，使天下百姓没有盗取利禄之心，没有争强好胜之志，这样做，就顺应了自然规律，就做到了无为而治。本章与上章互相呼应，从社会的角度，使天下每一个人都回归纯洁的、无知无欲的自然本性。如此以自然规律治理人事，天下当然能大治而特治了。

四章　论道：道造天帝

　　道冲①，而用之或不盈②，渊③兮，似万物之宗。（挫④其锐，解⑤其纷，和⑥其光，同其尘⑦。）湛⑧兮，似或存⑨。吾不知谁之子，象⑩帝之先。

　　注释　①冲：通"盅"，空虚之意。②盈：满，引申为尽、极限。③渊：渊深，深远。④挫：消磨。⑤解：消解。⑥和：调和、隐蔽。⑦同其尘：将自己与尘俗混同在一起。⑧湛：深沉、沉静，此处用来形容"道"隐于幽暗，不见形迹，但又确实存在的状态。⑨似或存：似乎存在。⑩象：似。

　　译文　大道空虚，但它的作用又似乎没有极限，渊深得像是万物的本源。它收敛了锐气，解开了纷杂，调和了光芒，混同于尘垢。它深湛难知，像是时刻若有若无地存在于万物的左右。我不知道它是由谁生发而出的，好像在天帝出现之前它就已经存在了。

　　名家解老　河上公：老子言：我不知道所从生之矣。道自在天帝之前，此言道乃先天地生也。至今者，以能安静湛然，不劳烦。欲使人修身法道。

　　王弼：形虽大，不能累其体，事虽殷，不能充其量，万物舍此而求主，主其安在乎。不亦渊兮似万物之宗乎。锐挫而无损，纷解而不劳，和光而不污，其体同尘而不渝，其真不亦湛兮似或存乎。

明太祖：道之理幽微而深长，用之而无尽，息之则无形。若或骤尽用之，尤为不当，是谓道冲而用之或不盈。且渊兮万物之宗，言君子若履，则当徐之。

经典赏析 这一章里，老子通过形容和比喻，对"道"做了具体的描述。老子认为道是空虚无形的。"道冲"的意思就是说大道本身没有一个具体的形象，它是一种完全虚空的境界，它是天地万物的本源，因而宇宙间的一切都被它所容纳和控制。在老子看来，宇宙是分层的，它大到没有边界，小到没有内核，套用科学术语，称作"无穷大"和"无穷小"。

由于大道无形、无声的特点，我们人类即使穷尽语言也无法真正地描摹它。这让我们感到无可奈何，只得用一些贴近的语言来描述它：深邃啊，它好像是万物的本源。宇宙间的万物皆由它而生，它包容了天地万物，并主宰着一切的一切。它幽隐虚无而又实际存在。给"大道"下一个确切的定义是无论如何都办不到的事情，因为我们无法把握它的来龙去脉：它是怎样生成的？何时生成的？来自何处？又将何时消亡？谁能说得清楚呢？它好像在万能的天帝出现之前就已经存在了，因为宇宙万物都是它生成的，就连天帝也不例外。

"道"到底是什么？我们可以说它什么也不是，却又什么都是。我们人类为何要穷根究底地研究如此抽象、晦涩难懂的问题？从人类自身的角度而言，探讨大道可以帮助人们理解自己、透悟宇宙万物，进而建立科学的宇宙观和人生观。现实地讲，就是能让人们生活得更悠然惬意、舒心幸福。还有什么比这更有意义呢？

纵观前四章，我们看到，老子集中提出了"'道'是宇宙的本源，而且先于天帝存在""事物都是相反相成的，并处于发展变化之中"等观点。另外，老子还提出了他自己对社会政治和人生处世的某些基本观点。这些，正是老子智慧的闪光点。

五章　治国：博闻守静

　　天地不仁①，以万物为刍狗②；圣人不仁③，以百姓为刍狗。天地之间，其犹橐籥④乎？虚而不屈⑤，动而愈出。多言数穷⑥，不如守中⑦。

注释　①天地不仁：天地没有意志，也没有仁爱之心。它只是物理的、自然的存在，不具备人类的感情。②刍狗：用刍草扎成的狗，比喻轻贱无用的东西。古代用于祭祀中，当用之时，备受重视，祭祀完毕，随即丢弃。③圣人不仁：圣人效法天地，纯任自然，无所偏爱，不干涉百姓的行为，任其自我生灭。④橐籥（tuó yuè）：古代的风箱，多用于冶炼时为炉火鼓风助燃。⑤屈（jué）：匮乏。⑥多言数穷：多言，政令繁多。数，通"速"，指政令越是繁多，失败得越快。穷，困难到走投无路。⑦守中：即守冲，持守虚静的意思。

译文　天地没有任何偏爱，将万物当作祭坛上用草扎成的狗，让它们自荣自枯；圣人没有任何偏爱，把百姓当作祭坛上用草扎成的狗，让他们自生自灭。天和地之间，大概就像鼓风吹火的风箱吧？它内部空虚，但是永不匮乏；它越鼓动，就越产生更多的风。一个人说话太多，往往使自己走投无路，倒不如保持内心的虚静，将话放在心中。

🔖 **名家解老** 河上公：天施地化，不以仁恩，任自然也。天地生万物，人最为贵。天地视之，如刍草狗畜，不责望其报也。圣人爱养万民，不以仁恩，法天地，行自然。圣人视百姓如刍草狗畜，不责望其礼意。

王弼：愈为之则愈失之矣。物树其恶，事错其言，不济不言，不理必穷之数也。橐籥而守数中，则无穷尽，弃己任物，则莫不理，若橐籥有意于为声也，则不足以共吹者之求也。

明太祖：圣人之心，无不虚而无不实，无不惜而无不弃。所以惜者，常常惜之。所以弃者，常常弃之。是不弃而弃，不惜而惜，故民乐自然矣。

🐉 **经典赏析** 所谓的"天地不仁"，表明天地是一个物理的、自然的存在，并不具有人类般的理想和感情；所谓的"天地之间"，表明万物在天地之间根据自然法则运行。并不似有神论者所想象的，认为天地自然法则对某物有所偏爱，或对某物有所嫌弃，其实这只是人类感情的投射作用。这一见解，充分体现了老子反对鬼神术数的无神论思想。

本章中，老子用了两个比喻：一是祭祀所用的以草扎制而成的刍狗，祷后则弃之；一是风箱只要拉动就可鼓出风来，而且不会竭尽。这两个比喻说明的正是"多言数穷，不如守中"。政令烦苛，只会加速其败亡，不如保持虚静状态。这里的"中"，并非儒家的中正、中庸之道，而是虚静，含有"无数"的意思。如果统治者用很多强制性的言辞法令来强制人民，很快就会遭到失败。这样倒不如按照自然规律办事，虚静无为，万物反能生化不竭。因此，老子在本章最后提出了警告：如果"有为"，终究不会有好的结局。

六章 论道：天地之根

谷神①不死，是谓玄牝②。玄牝之门③，是谓天地根。绵绵④若存⑤，用之不勤⑥。

注释 ①谷神："道"的别称。谷，空虚开阔、无所不容，形容"道"虚空博大，像山谷。神，形容"道"变化万端，非常神奇。②牝（pìn）：指一切雌性的母体，这里借喻拥有超凡造物能力的"道"。③门：雌性生殖器的产门，比喻开天辟地、生化万物的根源。④绵绵：如丝如缕、连绵不绝的样子。⑤若存：实际存在却难以看到的意思。若，如此、这样。⑥勤：尽。

译文 大道空虚开阔而又变化万端，永远不会消亡，这是缔造生命的神秘母体。缔造生命的神秘母体有个出口，可以称作天地的根源。它如丝如缕、连绵不绝又难觅行迹，其作用却无穷无尽。

名家解老 河上公：谷，养也。人能养神则不死也，神谓五脏之神也。肝藏魂，肺藏魄，心藏神，肾藏精，脾藏志。五脏尽伤，则五神去。

王弼：门，玄牝之所由也，本其所由，与极同体，故谓之天地之根也。欲言存邪？则不见其形，欲言亡邪，万物以之生。故绵绵若存也，无物不成，用之不劳也，故曰，用而不勤也。

明太祖：王有道不死，万姓咸安。又以身为天地，其气不妄，为常存于中，是谓天地根。若有所养，则绵绵不绝，常存理用，则不乏矣。

经典赏析 老子在这一章阐明了道是天地万物之根本。他用简洁的语言描写形而上的实存的"道"，用"谷"来象征"道"体的虚状，用"神"来比喻"道"生万物的绵延不绝，认为"道"是在广阔的空间支配万物发展变化的力量，是具有一定物质规律性的统一体。

"道"，空虚幽深，因应无穷，永远不会枯竭，永远不会停止运行。那种支配万物发展变化的力量，就是对立统一规律。"谷神不死"，体现出"道"的永恒性，即恒"道"。"玄牝之门"是产生万事万物的地方，它的作用无以言表。"玄牝之门""天地根"，都用来说明"道"为产生天地万物的始源。

关于这一章，宋代苏辙在《老子解》中云："谓之谷神，言其德也。谓之玄牝，言其功也。牝生万物，而谓之玄焉，言见其生之而不见其所以生也。"这种解说，可谓精确至极。

七章　修身：天长地久

天长地久①。天地所以能长且久者，以②其不自生，故能长生。是以圣人后其身③而身先④，外⑤其身而身存。以其无私邪⑥？故能成其私。

注释　①天长地久：相对于万物一直在生灭变化而言，天地可谓长存；然就天地自身而论，也不是永恒存在的。②以：因为。③身：自身，自己。④先：居先，占据了前位。这里是站在众人之前的意思。⑤外：此处是置之度外、不过分在乎的意思。⑥邪：同"耶"，表示疑问。

译文　天延续着，地长存着。天地之所以能延续而长存，是因为它们不求自己的生存，所以能持续生存下去。因此，圣人退居在大家的后面，结果反而站到大家之前，不过分在意自己的生命，反而得以保全生命。能够说这不是因为他不求一己之私的缘故吗？正因为这样，反而使其得以实现自己的私心。

名家解老　河上公：天地所以独长且久者，以其安静自然，施不求报，不如世人居处汲汲求自饶之利，夺人以自与也。以其不求生，故能长生不终。先人而后己。天下敬之，先以为长。薄己而厚人也。百姓爱之如父母，敬之如神明，佑之若赤子，故身常存也。

王弼：自生则与物争，不自生则物归也。无私者，无为于身也。身先身存，故日，能成其私也。

明太祖：后其身者，俭素绝奢。身先者，劳心身而用治道也。有志于济人利物。外其身者，以其不丰美其身，使不自安而身存，乃先苦而后乐也。

经典赏析 老子的思想，都是从自然的认识推及人事。这一章论述的，最为典型。

为什么万物都有消亡的那一天，而唯独天地寿命悠远长久呢？老子提出了自己的观点，即"以其不自生，故能长生"。如何理解呢？天地之所以能长生不老，最根本的原因就在于天地没有意识、没有思想，不知道自己在生，没有生的概念也就无所谓死了。正因为天地没有意识，压根儿就不知道自己正处于生存的状态，当然也就不知会有死亡，所以长生不老也是情理之中的事情。天地是按照大道的规律运行的，天地的一切都是自然而然存在着的。

圣人知道什么该为，什么不必为，他们能摒弃人性的弱点——自私，做到谦虚退让，与世无争，反而能在众人中表现出尊贵，而居于人先。他们遵循大道的发展规律，将宇宙万物的发展变化看成自然而然的，不对万物强加自己的意志，所以就能与大道共生共存。

我们说天像父、地如母，天地生养了我们，他们还会保佑和惩罚我们。为什么这样说呢？当我们违背自然规律的时候，天地会毫不留情地惩罚无知的人类，正是因为天地遵循自然的发展规律，才得以长生不老，这是天道。推而言之，我们人类要想与世长存，就必须遵循天道的根本，心存无私，不能唯独考虑自己。只有这样，我们才能真正地拥有自己，才能得到他人的敬重。自私自利虽然能得到一时小利，但会失去许多成就大事的机会，因而是得不偿失的愚蠢行为。

天地之所以长生不死，是因为天地无意识，没有"生"和"死"的概念；圣人的心中没有"自私"的概念，所以他才能得到真正意义上的"自私"，成就自己的利益。

八章　修身：上善若水

上善若水①。水善利万物而不争，处众人之所恶②，故几③于道。居善地，心善渊④，与⑤善仁，言善信，政善治⑥，事善能，动善时⑦。夫唯不争，故无尤。

注释　①上善若水：拥有最高修养的人就如同水。上，最。上善，即最善，喻指道家的"圣人"。老子崇尚水之德，此处以水的德行喻指"圣人"的德行。②所恶：厌恶的、不喜欢的，此处指不愿意居处的。③几：接近。④渊：沉静，深藏不露。⑤与：指与别人结交、相处。⑥政善治：为政善于治理国家并取得成效。⑦动善时：行动善于抓住有利的时机。

译文　拥有最高修养的人就如同水。水善于滋养万物而不与万物相争，停留在众人都不愿居处的地方，因此其境界很接近"道"。这类人，处所善于选择卑下之地，心胸善于保持沉静而深不可测，待人总能真诚、友爱、无私，言谈总能恪守信用，为政总能把国家治理好，处事善于发挥所长，行动善于把握时机。正因为不与万物相争，也就不会引来责怪和怨恨。

名家解老　河上公：上善之人如水之性。水在天为雾露，在地为泉。众人恶卑湿垢浊，水独静流居之矣。水性几于道同。水性善喜于地，在草木之上即流而下，有似于牝动而下人也。水深空虚，渊深清明。万物得水以生，与虚不与盈也。水内影照形，不失其情。无有不洗，清且平也。能方能圆，曲直随形。夏散冬凝，应期而动，不失天时也。壅之则止，决之则流，听从人也。水性如是，故天下无有怨尤水者也。

王弼：言人皆应于治道也。

明太祖：人能访有德之人，相为成全德行，以善人多处则居之，其心善行广矣。若与善人论信行，则政事无有不治者，故善治。既知治道之明，凡百诸事，皆善能为造。及其动也，必合乎时宜。前心善渊者，以其积善多而行无竭也，若渊泉之状。

经典赏析 "上善如水"是老子的处世哲学。

因为水与物无争，安于卑下，故老子认为水德最近于道。为何这样说呢？王夫之做了以下解释："五行之体，水为最微。善居道者，为其微，不为其著；处众之后，而常德众之先。"以不争争，以无私私，这就是水的最显著特征。水滋润万物而无取于万物，而且甘心停留在最低洼、最潮湿的地方。

本章中间的七个并列排比句中，都是有关水德的写状，同时也是向善之人应当具备的品格。老子举列的七个"善"字，都是受到水的启示。

水和大道十分相像：大道无形；大道柔软，不与宇宙万物相违逆；大道生养万物，但不与万物争高下，不求万物的报答；大道谦逊，不居功自傲。大道具有很大的威力，它会令那些理解它的人内心平静如水，摒弃了杂乱和烦躁，内心充实，而没有了烦恼和忧愁。和大道同步而行的人心境平和，物我两忘。

老子声称，拥有最高德行的人就如同水一样，具有宽广的胸怀、谦逊的品格、与世无争的情操、宽厚诚实的作风。这些最接近大道的本质，是人类最应效仿的德行。具体地讲，也就是心胸要像水渊一样，宽广无边、清湛悠然，要像水的流势一样，谦虚卑下。不可处处与人争高低，要择地而居。对人要亲切自然，以诚相待，老实厚道，宁愿被人欺也绝不欺人。为人处世重诺守信，如同潮汐一般，起落守时。

自古儒道两家都对水进行了赞美。孔子曾在川上说："逝者如斯夫，不舍昼夜！"孟子也说："源泉混混，不舍昼夜，盈科而后进，放乎四海，有本者如是，是之取尔。"孔孟从水表现的态势，感悟到积极奋进的精神；老子从水的静中蕴含的力量，领悟到"柔弱胜刚强"的哲理。

九章 养生：适可而止

　　持而盈之①，不如其已②；揣而锐之③，不可长保④。金玉满堂，莫之能守；富贵而骄，自遗其咎⑤。功遂身退⑥，天之道⑦也。

　　注释 ①持而盈之：手捧盈满，引申为自满自骄的意思。②不如其已：不如适可而止。已，止。③揣而锐之：把铁器捶打得非常锐利。揣，捶打之意。④长保：长时间保持。⑤咎：过失，祸患。⑥功遂身退：功成名就之后，不宜再身居高位，而应急流勇退。⑦天之道：指自然规律、天地自然之大道。

　　译文 持执盈满，自满自骄，不如适可而止；将铁器捶打得非常锐利，却难以长时间保持这种锋锐。黄金碧玉堆满厅堂，无人能长久守住这些财富；一个人若富贵且骄慢，那是自取其祸。功成名就了，就应急流勇退，这才合乎天地自然之大道。

　　名家解老 河上公：嗜欲伤神，财多累身。夫富当赈贫，贵当怜贱，而反骄恣，必被祸患也。言人所为，功成事立，名迹称遂，不退身避位，则遇于害，此乃天之常道也。譬日中则移，月满则亏，物盛则衰，乐极则哀。

　　王弼：持，谓不失德也。既不失其德又盈之，势必倾危。故不知其已者，谓乃更不如无德无功者也。既揣末令尖，又锐之令利，势必摧衄，故不可长保也。

明太祖：世之有富贵者，每每不能保者何？盖为因富贵而放肆，高傲矜夸不已，致生他事，有累身名，是自遗其咎，莫之能保也。

经典赏析 老子在这一章里重点论述了"盈"和"功成身退"。

芸芸众生，谁不追逐名利、贪爱财富、倾慕荣华？能做到超然物外者有几许人？我们生活在现实世界里，不可能不食人间烟火。我们要吃、穿、住、用、行，这是最基本的需求。当这些需求得到满足之后，我们还会积极地思考如何实现自身的价值。马斯洛的需求层次理论告诉我们，人的需求是分等级的，当低级的需求得到满足之后，我们就会迫切满足自己更高层次的需求。这是十分简单而又非常复杂的道理：说它简单是因为提到需求，每个人都深有体会，不难理解；说它复杂是因为每个人的需求不同，对需求的理解也不同。这是就个体而言的。从整体上说，人类的贪欲是永远无法满足的，追逐名利、富贵是人之本性。一旦我们名利双收，该如何留住它们而不致使它们烟消云散？这一章讲的就是这个问题。

老子在这一章告诉我们：物极必反。太满会溢，太尖利会断，这就启示我们要适可而止，进退有度。太露锋芒会遭人嫉妒和陷害，不如"功遂身退"，最大限度地满足自己的欲望是不可取的。退而隐之不是形式上的退居深山，而是要有功不倨傲、有名不恃名、有财不扬财，这就叫遵循大道。

一十章 修身：静心无为

载营魄^①抱一^②，能无离乎？专气^③致柔，能如婴儿乎？涤除玄鉴^④，能无疵乎？爱民治国，能无为乎？天门开阖^⑤，能为雌^⑥乎？明白四达，能无知^⑦乎？生之畜之，（生而不有，为而不恃，长而不宰，是谓玄德^⑧。）

注释 ①载营魄：载，助语句，相当于"夫"。营魄，即魂魄。②抱一：即合一。一，可以指魂魄合一的状态，也可以指"道"（究竟真实）。③专气：即集气。专，结聚的意思。④涤除玄鉴：涤，扫除、清除。玄鉴，又写为"玄览"，指要以直觉对心智进行深入关照。⑤天门开阖（hé）：天门，自然之门。以人而言，即指耳目口鼻等天赋的感官，由此可与外界接触。开阖，即张开与闭合，也指变化和运动。⑥雌：宁静、柔弱、谦下之意。⑦知：通"智"，指智巧、心机。⑧玄德：奥妙深邃的德性。

译文 精神与形体相配合，持守住大道，能够不离开吗？聚结精气以追求柔和温顺，能像婴儿一样吗？清除心中杂念而观照灵魂深处，能做到毫无瑕疵吗？爱民治国能做到自然无为吗？天赋的感官在接触外物时，能做到安静保守吗？心地明白通达之后，能做到不用智巧吗？生产万物，养育万物，生养万物而不占为己有，也不自逞其能耐，成为万物之长而不对其加以主宰，这就是奥妙深邃的德。

【名家解老】河上公：人载魂魄之上得以生，当爱养之。喜怒亡魂，卒惊伤魄。魂在肝，魄在肺。美酒甘旨伤人肝肺。故魂静志道不乱，魄安得寿延年也。言人能抱一，使不离于身，则长存。一者，道德所生，太和之精气也。故曰：一布名于天下，天得一以清，地得一以宁，侯王得一以为正平。入为心，出为行，布施为德，总名为一。一之为言，志一而无二也。

王弼：专，任也，致极也。言任自然之气。致，至柔之和，能若婴儿之无所欲乎，则物全而性得矣。涤除玄览，能无疵乎？玄，物之极也，言能涤除邪饰，至于极览，能不以物介其明。疵之其神乎？则终与玄同也。

明太祖：与民休息，使积蓄之。是谓生之畜之。君不轻取，是谓不有。天下措安，君不自逞其能，是谓不恃。生齿之繁，君不专长，百职以理之，是谓长而不宰。奇妙道理，称为玄德。

【经典赏析】老子在这章里针对六种情况，提出了六个疑问，这六个问题说的也就是有关修身、善性、为学、治国等诸多方面的内容。其实这六个疑问的答案就涵藏在问题里面。

人之所以有痛苦、懊悔等情感体验，是因为人类有七情六欲。当我们的情感需求和自身欲望得不到满足时，我们就会感到迷惘和失落，而其他生物则不同，它们不具备完整的心理精神体系，不能独立思考，也无法进行意识判断，因而也不会感到失落或痛苦。

我们常用"庸人自扰"来形容无端痛苦和烦恼的人，因为平庸，所以才会无端痛苦。无端其实就是有端，只是这个端微乎其微、不值得计较罢了。在现实生活中，有多少人能不被俗事困扰呢？不被俗事困扰者，只有两种人：一是圣人，二是婴孩。婴孩不谙世事，万事皆清，只知饿了就吃、困了就睡，一切顺应人的自然本性，当然不会有烦恼和痛苦。圣人不是天生的，他也必然经过了庸人的阶段，他感受过痛苦和烦恼的滋味，他不想让自己再度痛苦。他明智地选择了和大道同步：做到了灵魂和肉体的和谐统一；做到了专气致柔而如婴孩；做到了心镜明净而无瑕疵；做到了无欲而逍遥；做到了不受知识的局限而透悟真理。

"专气致柔"就是把自己的精神和元气凝聚起来。如果我们能够聚集体内精气而长久保持婴儿般的柔软体态，就能长盛不衰。我们必须经过心灵的活动才能达到精神和元气相合。心灵就像一面镜子，宇宙万象通过此镜尽览无余。镜面必须经常擦洗，去其污垢，才能明察世间百态。

统治者治理国家也是如此，要像婴儿一样无欲无为，顺应自然本性，无为而治才是真治。采取强硬措施不但不利于安定民心，反而还会酿成天下大乱。所以，只有顺应百姓自身的自然规律，才能收到较好的治理效果。

十一章 论道：有无之用

　　三十辐①共一毂②，当其无，有车之用③。埏埴④以为器，当其无，有器之用。凿户牖⑤以为室，当其无，有室之用。故有之以为利，无之以为用。

注释 ①辐：车轮中连接轴心和轮圈的木条，古代的车轮由三十根辐条所构成。②毂（gǔ）：车轮中心的圆木，中有圆孔，用来穿插辐条并连接车轴。③当其无，有车之用：有了车毂中空的地方，才有车的作用。④埏埴（shān zhí）：意为调和陶土做成在饮食中使用的器皿。埏，搅和。埴，泥土。⑤户牖（yǒu）：门窗。

译文 车轮上的三十根辐条，聚集到一个车轴上，有了轴心空虚处，才有车的作用。揉搓黏土做成器皿，有了器皿中间的空虚处，才有器皿的作用。开凿门窗并建成房屋，有了房屋中间的空虚处，才有房屋的作用。所以，"有"给人便利，"无"也发挥了其效用。

名家解老 河上公：治身者当除情去欲，使五脏空虚，神乃归之。无为空虚。毂中空虚，输得去行；舆中空虚，人得载其上。器中空虚，故有所受。户牖空虚，人得以出入；室中空虚，人得以居处。利，物也。利形于用，器中有物。室中有人，恐其屋破坏；腹中有神，畏其形消亡。虚空者乃可用盛受万物，故曰虚无能制有形。

王弼：毂所以能统三十辐者，无也，以其无能受物之故，故能以实统众也。木埴，壁之所以成，三者而皆以无为用也。言无者，有之所以为利，皆赖无以为用也。

明太祖：有之以为利，无之以为用。盖圣人教人，务要诸事必欲表里如法，事不倾覆，人王臣庶，可不体之？

经典赏析《道德经》第一章中，老子就说了"有"与"无"的概念，本章的"有"与"无"，实际就是实与虚，其相对为用。

冯友兰先生曾在《老子哲学讨论集》中说："《老子》所说的'道'，是'有'与'无'的统一。因此它虽然是以无为主，但是也不轻视有，它实在也很重视有，不过不把它放在第一位就是了。《老子》第二章说：'有无相生。'第十一章说：'三十辐共一毂，当其无，有车之用。埏埴以为器，当其无，有器之用。凿户牖以为室，当其无，有室之用。故有之以为利，无之以为用。'这一段话很巧妙地说明'有'和'无'的辩证关系。一个碗或茶杯中间是空的，可正是那个空的部分起了碗或茶杯的作用。房子里面是空的，可正是因为是空的，所以才起了房子的作用，如果是实的，人怎么住进去呢？《老子》作出结论说：'有之以为利，无之以为用。'它把'无'作为主要的对立面。《老子》认为碗、茶杯、房子等是'有'和'无'的辩证的统一，这是对的；但是认为'无'是主要对立面，这就错了。毕竟是有了碗、茶杯、房子等，其中空的地方才能发生作用。如果本来没有茶杯、碗、房子等，自然也就没有中空的地方，任何作用都没有了。"

通过冯友兰先生的阐释可以看到，老子的学说是从具体到抽象、从感性认识到理性认识，而并非"故弄玄虚"。

十二章　养生：减少贪欲

五色^①令人目盲^②，五音^③令人耳聋，五味^④令人口爽^⑤，驰骋^⑥畋猎^⑦令人心发狂，难得之货令人行妨^⑧。是以圣人为腹不为目^⑨，故去彼取此。

注释　①五色：青、赤、黄、白、黑，这里指种类繁多的色彩。②目盲：比喻眼光迷乱。③五音：宫、商、角、徵（zhǐ）、羽，这里指种类繁多的音乐声。④五味：酸、苦、甘、辛、咸，这里指种类繁多的美味。⑤口爽：罹患口疾，味觉失灵。在古代，"爽"是口疾的专用词。⑥驰骋：车马疾行，比喻纵情放荡。⑦畋（tián）猎：打猎获取动物。⑧行妨：妨害操行。妨，妨害、伤害。⑨为腹不为目：但求温饱安乐，而不纵情犬马声色。"腹"代指简朴安宁的生活；"目"代指欲望繁多的生活。

译文　色彩缤纷的花花世界，让人眼光迷乱；喧嚣嘈杂的管弦之声，使人听觉失灵；滋味不一的各类美食，使人口不辨味；纵情骑马射猎，让人神志狂乱；奇珍异宝，让人做出失德之行。因此，圣人但求吃饱肚子而不追逐声色之娱，所以应该摒弃物欲的诱惑而保持安定知足的生活方式。

名家解老　河上公：贪淫好色，则伤精失明也。好听五音，则和气去心，不能听无声之声。人嗜五味于口则口亡，言失于道也。人精神好安静，驰骋呼吸，精神散亡，故发狂也。难得之货，谓金银珠玉。心贪意欲，不知厌足，则行伤身辱也。

王弼：夫耳目口心皆顺其性也。不以顺性命，反以伤自然，故曰聋、盲、爽、狂也。难得之货，塞人正路，故令人行妨也。为腹者以物养已，为目者以物役已，故圣人不为目也。

明太祖：此专戒好贪欲，绝游玩，美声色，贵货财者。视久则眩，听繁则惑，尝多则厌，心不定故发狂，不知足以取辱，故行妨。

经典赏析 老子主张无知无欲，而在他所生活的年代，上层领统者生活奢侈糜烂。针对这种状况，老子认为，正常的社会生活应该为"腹"不为"目"，务内而不逐外，唯求安饱，不求纵情声色之乐。而所谓的"五色""五音""五味""打猎游戏""珍贵物品"是贵族生活的组成部分，而非一般劳动者所拥有。因此我们认为，老子的观点并非要把精神文明和物质文明对立起来，并非否定发展文化，并非有学者认为的老子的观点是对人类社会现实和历史发展所持的狭隘庸俗的反历史观点。

老子希望世人能够丰衣足食，建立内在宁静恬淡的生活方式，而非外在贪欲的生活。一个人越是投入外在化的旋涡里，就越会流连忘返，产生自我疏离感，而心灵日益空虚。所以，老子才提醒人们，要摒除外界物欲的诱惑，保持内心的安足清静，确保固有的天性。

——十三章　修身：宠辱不惊——

　　宠辱①若惊，贵大患若身②。何谓宠辱若惊？宠为上，辱为下；得之若惊，失之若惊，是谓宠辱若惊。何谓贵大患若身？吾所以有大患者，为吾有身；及吾无身，吾有何患？故贵以身为天下，若可寄天下。爱以身为天下，若可托天下。

　　注释　①宠辱：得宠和受辱。②贵大患若身：重视大患就如同重视自己的身体。贵，重视。

　　译文　受宠惊喜而受辱惊恐，这是把名利之心看得像生命一样重要。什么叫"宠辱若惊"？因为人们把受宠看得很光荣，把受辱看得很卑下，所以得到这些好像受到惊吓，失去这些也好像受到惊吓，这就叫"宠辱若惊"。为什么会把这些名利之心看得如同生命一样重要呢？我们之所以有这些名利之心，是因为太看重自我了，如果我们能够达到无私的境界，还会有什么名利之心呢？所以只有那些看重用自己全部身心去治理天下的人，才可以寄托天下；只有那些愿意用自己全部身心去治理天下的人，才可以托付天下。

　　名家解老　河上公：得宠荣惊者，处高位如临深危也。贵不敢骄，富不敢奢。失宠处辱也惊者，恐祸重来也。有身，忧其勤劳，念其饥寒，触情从欲，则遇祸患也。使吾无有身体，得道自然，轻举升云，出入无间，与道通神，当有何患？

王弼：生之厚，必入死之地，故谓之大患也。人迷之于荣宠，返之于身，故曰大患若身也。

明太祖：人君能以身为天下，虑天下恐有大患，若身有苦疾，则天下安矣。不能以此者，天下危亡。若人君肯以身为天下，以百姓之身为身，则帝王之身宇内可独行而无忧。

经典赏析 老子把宠、辱看成人生之大患。他认为世人之所以重视宠辱得失，就在于"有身"，如果"无身"，这种祸患则不存在。

一般人重视身外的宠辱荣患，甚至有的重视身外的宠辱远远超过自身的生命。人生在世，难免要与功名利禄、荣辱得失打交道。许多人是以荣宠和功名利禄为人生最高理想，目的就是为享荣华富贵、福佑子孙。说白了，人活着就是为了寿、名、位、货等身外之物。对于功名利禄，人人需要，但是，究竟该将其放在何等位置上，各人的态度截然不同。如果将其放在比生命还要宝贵的位置上，那是大错特错。老子从"贵身"的角度出发，认为生命远贵于荣宠、名利，要清静寡欲，一切声名货利之事，皆无动于衷，然后方可受天下之重寄，而为万民所托命。

关于本章主旨，王夫之在《老子衍》中做了精辟的发挥，他说："众人纳天下于身，至人外其身于天下。夫不见纳天下者，有必至之忧患乎？宠至若惊，辱来若惊，则是纳天下者，纳惊以自滑也。大患在天下，纳而贵之与身等。夫身且为患，而贵患以为重累之身，是纳患以自桎也。惟无身者，以耳任耳，不为天下任听；以目任目，不为天下任视；吾之耳目静，而天下之视听不荧，惊患去己，而消于天下，是以为百姓履藉而不倾。"

十四章　论道：虚虚实实

视之不见，名曰夷①；听之不闻，名曰希②；搏之不得，名曰微③。此三者不可致诘④，故混而为一。其上不皦⑤，其下不昧⑥，绳绳⑦兮不可名，复归于无物⑧。是谓无状之状，无物之象，是谓"惚恍"⑨。迎之不见其首，随之不见其后；执古之道，以御今之有⑩。能知古始⑪，是谓道纪⑫。

注释　①夷：无色。②希：无声。③微：无形。夷、希、微三个名词都是用来形容人的感官无法把握住"道"。这三个名词都是幽而不显的意思。④致诘（jié）：思议。诘，追问、究问、反问。⑤皦（jiǎo）：清晰，光明。⑥昧：阴暗。⑦绳绳：纷芸不绝。⑧无物：无形状的物，即"道"。⑨惚恍：闪烁不定，若有若无。⑩有：指具体事物。⑪古始：宇宙的原始。⑫纪：纲纪，规律。

译文　看它不见，无色无形的，叫作夷；听它不到，寂静无声的，叫作希；摸它不到，无质无实的，叫作微。这三者，无法刨根问底细致分辨，它们原本就浑然而为一。它外显的部分并不明亮，它隐含的部分也不晦暗。它无开端，无尽头，延绵不绝，无法明确地表述，就只好又归结为超物质的存在。这就是没有形状的形状，没有物象的物象，称为若有如无的惚恍。迎接它，却看不见它的开头；追随它，却看不见它的末尾。遵循早已存在的

"道",来驾驭当前的一切。能认识最早的本始,这就称为大道的规律。

名家解老 河上公:三者,谓夷、希、微也。不可致诘者,夫无色,无声,无形,口不能言,书不能传,当受之以静,求之以神,不可诘问而得之也。

王弼:无形无名者,万物之宗也。虽今古不同,时移俗易,故莫不由乎此,以成其治者也。故可执古之道,以御今之有。上古虽远,其道存焉。故虽在今,可以知古始也。

明太祖:视之不见,言道;听之不闻,言理;搏之不得,言气。曰夷曰希曰微,言平淡无见也。有象而无象,有形而无形,盖谓人心与道心,至幽至微,非君子难守,故惚恍也。

经典赏析 老子在这章中论述了道的本质及其作用,具体提出了"夷""希""微""惚恍""道纪"五个概念。

何谓"夷"?肉眼无法看到的东西,我们称之为"夷"。看不见并不代表它不存在,只是它无法被我们用眼睛认知罢了。我们站在平地上极目远眺,看到的东西是极其有限的。地平线那一边的东西,我们是看不见的。我们必须借助仪器才能看到微生物,而肉眼根本看不见。但我们必须肯定的是地平线那一边确实存在着一些事物,微生物确实是存在的,它们都不以人的意志为转移。这正像大道不以人的意志为转移一样,它是客观存在的,并时时刻刻在对人发生影响。我们只有认识到了这一点,才能更好地遵循大道的规律,而不是与大道背道而驰。

何谓"希"?"希"就是我们的耳朵无法听到的声音,它的特点是细小、邈远、轻微。这一特点决定了它不可能被我们听得真切。除此之外,还有距离因素。我们所能听到的声音有一定的范围,所以距离也会令我们无法听到一些声音。大道即使有声,也不会被我们听见。因此，我们常说"大道无声"。

何谓"微"？"微"有小的意思，小是相对的。当一个东西小到无法被我们摸着时，我们就称它为"微"。

大道就是那个看不见听不见摸不着的东西，它无法用视觉、听觉、触觉感知。"夷""希""微"这三个概念无法穷究道的本源和真正内涵，它们是不可分割的一个整体，我们称之为"一"。

何谓"惚恍"？我们说大道是一个东西，东西应该是有形象的，但它却看不见摸不着。它是一个超乎物质世界的东西，它若有若无、若隐若现。无法用概念去涵盖，只能用心灵去通达；无法用感官去体验，只能用身心去感知。对于这种模糊而又深奥的、亦真亦幻的状态，我们称之为"惚恍"。

为了表述上的需要和方便，我们必须给"道"加以定名，所以就称"道"为没有形状的形状、没有具体物象的物象。"惚恍"虽显牵强，但它是所有词语中最能表现这一点的。为什么这么说呢？因为大道是支配万物的，但它又存在于冥冥之中，无迹可寻。同时，它又是多变的，不易被人把握。它没有前进和后退，没有运动和静止，没有光明和黑暗，所以它是永恒的，是生生不息、绵延不绝的。当我们感觉到它的存在时，它又恢复到无迹可寻的状态中了。它恍惚缥缈、若有若无、若明若暗，令人捉摸不定。

何谓"道纪"？就是大道的纲纪和规律。认识和理解"道纪"比认识大道本身更有意义，大道的规律和纲纪能有效地指导日常生活。一旦我们的行为顺道而行，就能一帆风顺、事事遂心。相反，如果逆道而行，我们的行为就会受阻甚至遭受祸患。

十五章　修身：微妙玄通

　　古之善为道者，微妙玄通，深不可识。夫唯不可识，故强为之容①：豫兮②，若冬涉川③；犹兮④，若畏四邻；俨兮⑤，其若客；涣兮，其若凌释；敦兮，其若朴；旷兮，其若谷；混兮⑥，其若浊。孰能浊以静之徐清？孰能安以动之徐生？保此道者不欲盈。夫唯不盈，故能蔽而新成。

　　注释　①容：形容，描述。②豫兮：迟疑谨慎的样子。"豫"的另一层意思是欢喜、和乐的意思。③涉川：涉水过河。④犹兮：犹，原为猿猴类动物，性警觉。犹兮，引申为警觉、戒备的样子。⑤俨兮：俨然，形容神态端谨、恭敬。⑥混兮：浑厚朴实的样子。混，通"浑"。

　　译文　古时候善于行"道"的人，微妙通达，深刻玄远，不是一般人可以理解的。正因为难以理解，所以只能勉强形容他：小心谨慎啊，好像冬天涉水过河；警觉戒备啊，好像害怕邻国的进攻；恭敬郑重啊，好像要去赴宴做客；行动洒脱啊，好像冰块缓缓消融；纯朴厚道啊，好像没有经过加工的原木；旷远豁达啊，好像深幽的山谷；浑厚朴实，好像混浊的河水。谁能使混浊安静下来，慢慢澄清？谁能使安静变动起来，慢慢出现生机？保持这个"道"的人不会自满。正因为他从不自满，所以能够去旧存新。

名家解老 河上公：谁能安静以久，徐徐以长生也。保此徐生之道，不欲奢泰盈溢。夫唯不盈满之人能守蔽，不为新成。蔽者，匿光荣也；新成者，贵功名。

王弼：上德之人，其端兆不可睹，德趣不可见。夫晦以理物则得明，浊以静物则得清，安以动物则得生。此自然之道也。孰能者，言其难也。

明太祖：君子所秉者，得天地至精之气，乃神慧而不妄为。使其动，则诸事有理焉。使其静，则灵神于心，人莫知其所为如何，故深妙难通。

经典赏析 老子承接上一章的内容，讲解领悟了"道纪"之人的情貌特征。我们归结为以下七点，并逐一进行解析：

一是"豫兮，若冬涉川"。意思是说，有道之人的每一步行动都是无比警惕、小心的，就像冬天赤脚过河一样小心谨慎。一般人在处理事情时往往表现得粗心大意。而得道者无论遇到什么事，都会表现出谨慎的处世态度，就如同冬天涉河一般。

二是"犹兮，若畏四邻"。意思是说，有道之人好像畏惧自己的邻居一样，在日常生活中处处严格要求自己。约束自己的言语，使之不逾越常规；制止自己的行动，使之不干扰邻居的生活。人是群居动物，有道之人也是人，他们不可能生活在人世之外。他们要生存，就必须与周围的人建立密切的联系，离群索居不是真正的有道之人。当他们和周围的人进行交流的时候，就不可避免地会发生矛盾。处理矛盾的过程，最能反映一个人的道德观和处世哲学。周围的人（邻居）对其评价的高低是至关重要的，因为它最能映射一个人的真正本质。

三是"俨兮，其若客"。意思是说，有道之人无论在什么场合、在什么情形之下，都会把自己摆在客人的位置，小心谨慎、严肃认真地对待人和事，而不会随随便便地对待日常生活问题。从生命的本质意义上去考察，人是人生路途上的匆匆过客，是大自然的普通客人。有道之人和大道同步，他们乖乖地做客人，严肃认真地对待日常生活琐事，和世间的庸人有本质的不同。庸人以大自然的主人自居，势必以尊贵的态度对待自己，而以嚣张的态度对待自然。庸俗之人以损害自然为代价来满足自己的私欲，最后以毁灭自己而告终。老子主张以客人般严肃认真的态度度过自己的一生，而不是以玩世不恭的态度混过一世。

四是"涣兮，其若凌释"。意思是说，有道之人从自己的欲望、梦想、抱负、追求、知识等重负中解脱出来，恢复为本我，就会有难以言表的轻松愉悦、悠然自得。这种感觉就像冰封了一个冬季的河水在春风的吹拂下慢慢消融，是一种轻松的惬意的感觉。得道者之所以会有这种感觉，是因为他们懂得如何释放自己。老子把得道者的觉悟恰当地比喻为冰封消融，从而焕发出自然的勃勃生机。

五是"敦兮，其若朴"。意思是说，有道之人以其端庄厚实的本质，能轻易地抵御外界的干扰和诱惑，因而表现出返璞归真的外在形象。我们常用璞玉浑金来形容那些不炫耀、敦厚朴实的人，有道之人就如同璞玉浑金，具有真材实料而又默默无闻。

六是"旷兮，其若谷"。意思是说，有道之人心胸辽阔，就如同山谷一般空虚高深。他们能够藏污纳垢、包容万物，无所谓仇恨，没有亲戚和仇敌的对待，心中充满了友善。他们和没能体悟大道的人有本质的不同，没领悟大道的人喜欢洁净而厌恶污秽，有分别就有烦恼和祸患。有道之人处污秽无所谓污秽，处清洁无所谓清洁，与外在世界浑然一体，也就无所谓痛苦烦恼、祸患和灾难了。

　　七是"混兮，其若浊"。意思是说，有道之人是清醒的，清醒的最高境界是混浊的外在形象、透亮明净的内心。他和污浊的世界同为一体，不隔离、不生疏，这是修道的最高境界，也是修道的终点。它是平淡无奇的，没有浓墨重彩、大肆渲染，不显山露水，于平淡中见道之真谛。

十六章　修身：安常处顺

　　至虚极，守静笃①。万物并作②，吾以观其复③。夫物芸芸④，各归其根⑤。归根曰"静"，静曰"复命⑥"。复命曰"常⑦"，知常曰"明"。不知"常"，妄作凶。知"常"容⑧，容乃公，公乃全，全乃天⑨，天乃道，道乃久，没身不殆。

　　注释　①至虚极，守静笃：心灵虚空到极点，静谧到极点。虚、静，都是形容人的心灵空明宁静。极、笃，皆为极端、极度、极点之意。②作：生长，发展，活动。③复：循环往复。④芸芸：茂盛，纷杂，繁多。⑤根：指道。⑥复命：回归本来状态。⑦常：指万事万物运动变化的永恒规律。⑧容：宽容，包容。⑨天：指自然的天，也可理解为自然界的代称。

　　译文　心灵虚空到极点，静谧到极点。世间万物一齐蓬勃生长，我从发展变化中观察它们循环往复的运动规律。万物纷纷芸芸，各自回归其本源。回归本源叫作寂静。寂静叫作回归本来状态。回归本来状态叫作永恒规律，了解这种永恒规律就叫作明智。不了解这种永恒规律而胡乱妄为，就会带来灾难。认识了永恒规律才会大度包容，大度包容才能大公无私，大公无私才能君临天下，君临天下才能合乎自然，合乎自然才算得道，得了道才能长生久视，终身免于危难。

河上公：能知道之所常行，去情忘欲，无所不包容也。无所不包容，则公正无私，众邪莫当。公正无私，可以为天下王。德与天通，则与道合同也。与道合同，乃能长久。

王弼：致虚，物之极笃；守静，物之真正也。以虚静观其反复。凡有起于虚，动起于静，故万物虽并动作，卒复归于虚静，是物之极笃也。

明太祖：物生而长，长而成，成而敛，敛则复命矣。比明年复如之，所以云常。人能知常，则道明矣。若或不知常，不知序，妄为则凶矣。

经典赏析 这一章，老子不但论述了如何认识世界，也论述了如何认识人生。不论是认识人生哲理，还是认识客观世界，它的基本态度就是"致虚""清静""归根"及"复命"。

"致虚"，虚无是道的本体，但运用起来则无穷无尽，"致虚极"就是要人们排除物欲的诱惑，回归到虚静的本性，这样才能认识道，并不是为争权夺利而忘了道。若"致虚"就须"守静"，因为"虚"是本体，而"静"则在于运用。

"静"与"动"是一对矛盾，在这对矛盾中，老子着重于"静"，但不否定"动"的作用。而"归根"，根是草木所由生的部分，有根本、根源、根基等多种含义，为一切事物的起点。在老子看来，对立是过程，是相对的，统一是归宿，是绝对的。

从以上的分析来看，我们发现，老子显然从有生必有死这一普遍现象得到他的哲学观念，认为万物芸芸，最终都要归返本根，即归于无。因此，老子主张致虚守静，以静观变化。这正是老子"无为"主义的哲学基础。

十七章　治国：无为而治

太上^①，下知有之；其次，亲之誉之；其次，畏之；其次，侮之。信不足焉，有不信焉。悠兮^②其贵言^③。功成事遂，百姓皆谓："我自然。"

注释 ①太上：至高无上的、最理想的，这里指统治者治理国家的最理想的状态。②悠兮：悠闲自得的样子。③贵言：指不随便发号施令。

译文 统治者治理国家，最理想的状态是人民只知道他的存在；次一些的，人民亲近他、赞誉他；再次一些的，人民畏惧他；又次一些的，人民回过头来侮辱他。一个人若是不守信用，就会有人不信任他。古时候，统治者与人民愉快相处，不随便发号施令。等到大功告成，万事顺利，百姓都认为：我们是自己这样的。

名家解老 河上公：君信不足于下，下则应之以不信而欺其君也。太上之君举事犹贵重于言，恐离道失自然。

王弼：自然，其端兆不可得而见也，其意趣不可得而睹也。无物可以易其言，言必有应，故曰悠兮其贵言也。居无为之事，行不言之教，不以形立物，故功成事遂，而百姓不知其所以然也。

明太祖：上等君子，道布天下，人莫知其功，而有功矣。此太上也。中等之人，道未行时，欲人矜其已能，是谓誉之。下等之人，以力服人，将不服焉，是谓侮之。

经典赏析 老子主张为政贵自然，统治者不困扰百姓，对人民要以诚信相待。这种见解，是老子政治论中最可贵的部分。

老子首次描绘了他的理想国政治蓝图。老子理想的"圣人"是要"处无为之事，行不言之教"，要一如处"太上"之世，体"玄德"之君，能够"生之畜之"。如果真正"功成事遂"，而百姓皆谓"我自然"，他们没有沉重的负担，不遭受迫害打击，无须歌功颂德。民忘于治，有如鱼忘于水，实在是一种美好的理想。在《帝王世纪》中，有《击壤歌》云："日出而作，日入而息。凿井而饮，耕田而食。帝力于我何有哉？"这就是老子"百姓皆谓我自然"思想的体现，反映了春秋战国时代饱受纷扰的人民向往和平生活的愿望。

老子在这一章里，将统治者分为四个等级。

"太上"有两个意思：一是最高明的统治者，二是遥远的上古时代。这里指最高明的统治者。最高明的统治者实行无为而治，对国家和人民的治理采取一种自然主义的放任政策。这种政策的特点是尽量减少自己对国家和人民施加强有力的影响，不增加人民的经济负担，不对外进行大规模的扩张，因而民众感觉不到他的存在。最高明的统治者采用的是顺应自然规律的方法，不对人民的生活进行干涉。人民获得了真正的自由，所以生活得自在安乐。因为生活得富足、安乐，所以民众无怨尤的对象，也就感觉不到统治者的存在了。

"其次，亲之誉之"，这是次一等的统治者。这种统治者的特点是给人民以恩惠，人民亲近他、赞誉他。他施惠于民，但不高高在上，不让人民感觉到他的特殊性。他可亲可敬，和人民相处融洽。

"其次，畏之"，这种统治者声色俱厉，经常摆出一副盛气凌人、不可一世的神态，让百姓见了就害怕。他制定出苛刻的规章制度，这些规章制度直接威胁到百姓的生命财产。百姓对其又恨又气又惧怕，常常处于暗无天日的悲惨境地。

"其次，侮之"，这种统治者专横跋扈，不把百姓放在眼里，甚至不把他们当自己的子民，而是当作奴隶横加奴役、剥夺、辱骂。百姓对此非人的待遇很是恼怒，他们背后咒骂统治者，侮辱其人格。恼怒至极，他们就会揭竿而起，举起推翻统治者的大旗。

真正做到对人民实行无为而治的统治者，不会轻易向人民发号施令。他们慎言谨行，绝不破坏老百姓的生活规律。百姓遵循自然规律生活，自然会国富民强。统治者不费任何精力，国家就得到了治理，百姓就得到了安宁。生活富足安定的百姓感觉不到统治者的治理，觉得这一切都是自然而然的，本来就是这样的。百姓有了这种感觉，心中自然没有感激。没有感激，也就无所谓仇恨。没有仇恨，国家自然太平。

十八章 砭时：返璞归真

大道①废，有仁义；智慧②出，有大伪；六亲③不和，有孝慈④；国家昏乱，有忠臣。

注释 ①大道：指究其真实与运作规律而言。②智慧：这里指智巧、聪明，为了争奇斗艳而虚伪不实。③六亲：指父、子、兄（姐）、弟（妹）、夫、妻，泛指家人。④孝慈：孝敬和慈爱。一本作"孝子"。

译文 大道被废弃之后，才有了所谓的仁义。智巧聪明出现之后，才产生了严重的诈伪。家人之间失和，才有了所谓的孝慈。国家政治陷入昏乱，才有了所谓的忠臣。

名家解老 河上公：大道之时，家有孝子，户有忠信，仁义不见也。天下太平，不知仁；人尽无欲，不知廉；各洁己，不知贞。大道之君，仁义没，孝慈灭，犹日中盛时，众星失光。

王弼：若六亲自和，国家自治，则孝慈忠臣不知其所在矣。鱼相忘于江湖之道，则相濡之德生也。

明太祖：大道行焉，六亲和，民无不孝，君天下者，为民而让位，臣忠安用贤臣在位？王者朴实，奇巧何施？所以有无仁义而显仁义，有愚昧者显智慧，有不孝者显孝子。

经典赏析 老子认为，社会上之所以出现了仁义、大伪、孝慈、忠臣等，都是君上失德所导致的。在淳朴的社会，"见素抱朴，少私寡欲"，人民无所争夺，没有巧伪，那些维护社会秩序的伦理道德不需要，也就不会出现仁义、大伪、孝慈、忠臣。这是对当时社会现实的批判，与儒家在理论上完全对立。

老子认为，"大道"不废，没有不仁不义，也就不会有仁义；智慧行世，巧伪也就同时出现。家庭和顺，也就无所谓孝慈；国泰民安，也就无所谓忠臣。老子看到了这些事物中对立而又统一的关系，看到了产生仁义、智慧、孝慈、忠贞这些伦理道德观念的社会背景，具有深刻的辩证法思想。

人类是最复杂的情感动物，拥有自己的思想和意志，能够进行思考并特立独行，在处理问题时有自己独特的想法和行为准则。人类虽然由大道产生，而且在大道中发展壮大，但随着人类智慧的开启，人类愈发狂妄自大、唯我独尊起来。人类忘记了自己的由来，不再遵循自然大道。这种对大道的漠视态度，使得我们离大道越来越远。

偏离大道越来越远带来的直接后果是人类自取灭亡。为了避免这种惨剧的发生，人类人为地制定了一些行为规范来加以约束。于是，一些政策法规随即出现。这些政策法规虽然在一定程度上缓解了社会压力，但并不能从本质上解决问题。

废止大道的必然后果是有所作为的开始，有了作为也就有了好和坏的区分。对于好的、正确的，我们加以褒扬、赞颂；而对于坏的、错误的，我们大加鞭挞、惩治。只有这样，才能保证社会的正常运转和协调发展。

十九章　治国：无为无忧

　　绝圣弃智①，民利百倍；绝仁弃义，民复孝慈；绝巧弃利，盗贼无有。此三者，以为文②，不足。故令有所属③：见素抱朴④，少私寡欲，绝学无忧。

注释　①绝圣弃智：抛弃聪明智巧。圣，这里指自作聪明。②文：粉饰，掩藏。③属：归属，适从。④见素抱朴：意为保持原有的自然本色。"素"是未经染色的丝，"朴"是未经雕琢的木，此处素、朴皆指本色。

译文　抛弃聪明智巧，人民就可以得到百倍的福利；抛弃仁义，人民就能重新变得孝敬与慈爱；抛弃巧诈和货利，盗贼就会销声匿迹。圣智、仁义、巧利这三个方面，都是用来文饰的，不足以拿来治理天下。所以，应当使百姓的思想有所归属：保持纯洁朴实的本性，减少杂念和欲望，摒弃仁义、圣智的浮文，以免于忧患。

名家解老　河上公：绝圣制作，反初守元。五帝垂象，仓颉作书，不如三皇结绳，无文而治也。弃智慧，反无为。绝仁之见慧，弃义之尚华。绝巧者，诈伪乱真也；弃利者，塞贪路，闭权门也。

　　王弼：圣智，才之善也。仁义，人之善也。巧利，用之善也。

而直云绝，文甚不足，不令之有所属，无以见其指，故曰，此三者以为文而未足，故令人有所属，属之于素朴寡欲。

明太祖：老子戒人，绝仁弃义，绝圣弃智，绝巧弃利，以此三绝示后人，使朝无争位，即君臣安矣。再有所属，令人务尚俭而淳实，少私寡欲。

经典赏析 本章和上章，老子论述的都是为政贵淳朴。上章只是批判，这一章提出了正面主张。批判容易做到，而解决问题则困难。老子反对仁义巧智，而主张返回见素抱朴、无私无欲的原始状态。然而，从社会发展的观点看，这种主张在现实生活中根本不能实行。虽然他的政治主张不可取，但所谓"见素抱朴，少私寡欲"，恢复人的自然本性的观点，并不是没有意义的。

本章最后一句"绝学无忧"，学术界对它也解释不一。

第一种理解，"绝学无忧"指弃绝学习就没有忧虑。这种理解认为老子要毁灭一切文化，当然也就不要学习了。这种意见认为，老子是倡导愚民思想和政策的鼓吹者。

第二种理解，"绝学"是指抛弃那些讲圣智、仁义、巧利的学问，将其置于身外，免去权欲的诱惑，做到无忧无虑。

第三种理解，老子所说的绝，其实是绝招的绝，是指至深、独到的学问，老子认为只有取得不同于世俗的独到学问，才能获得对私欲无所冲动的自由。这种意见认为老子正是这样的具有绝学独到的人，表明了他的学习态度。

二十章　修身：是非善恶

唯之与阿①，相去几何？美之与恶，相去若何？人之所畏，不可不畏。荒兮，其未央②哉！众人熙熙③，如享太牢④，如春登台；我独泊兮，其未兆⑤。沌沌兮⑥，如婴儿之未孩⑦，傫傫兮⑧，若无所归。众人皆有余，而我独若遗⑨。我愚人之心也哉！俗人昭昭⑩，我独昏昏⑪；俗人察察⑫，我独闷闷⑬。（澹兮⑭其若海，飂兮⑮若无所止。）众人皆有以⑯，而我独顽且鄙⑰。我独异于人，而贵食母⑱。

注释　①唯、阿：唯，恭敬地答应。阿，怠慢地答应。②荒兮，其未央：遥远啊，像是没有尽头。荒兮，广袤、空远的样子。未央，未尽、未完。③熙熙：形容纵情奔放、兴高采烈的样子。熙，和乐。④太牢：古代祭祖，牛、羊、猪三牲大全为太牢。这里指丰盛的宴席。⑤未兆：没有征兆、预感和迹象。⑥沌沌兮：混沌，不清楚。⑦孩：同"咳"，形容婴儿的笑声。⑧傫（lěi）傫兮：疲惫懒散的样子。⑨遗：指不足、匮乏。⑩昭昭：智巧光耀的样子。⑪昏昏：愚钝暗昧的样子。⑫察察：严厉苛刻的样子。⑬闷闷：纯朴诚实的样子。⑭澹兮：辽远广阔的样子。⑮飂（liáo）兮：急风。⑯有以：有用，有为，有本领。⑰顽且鄙：形容愚陋、笨拙。⑱贵食母：母用来比喻"道"，道是生育天地万物之母。

译文 顺从与违拗，相差有多少？善良和丑恶，差别又有多少？大家都害怕的事物，我也不可不心存畏惧。遥远啊，像是没有尽头。众人兴高采烈，就像去享用丰盛的宴席，如同春天里登台眺望美景。只有我淡泊宁静，没有萌发欲望的兆头，如同婴儿还不会发出笑声，疲累懒散的样子，似无所归宿。众人都有余财，唯独我时常匮乏。我真是只有一颗愚人的心啊！俗人都光辉自炫，唯独我昏昏沉沉；俗人都明明白白，唯独我好像浑浑噩噩。就像那茫无涯际的大海，漂泊而无处停留。世人都精明灵巧有本领，唯独我愚昧而笨拙。我唯一与人不同的，是回到母亲的怀抱，得到了"道"。

名家解老 河上公：人所畏者，畏不绝学之君也。不可不畏，近令色，杀仁贤。众人余财以为奢，余智以为诈。我独如遗弃，似于不足也。不与俗人相随，守一不移，如愚人之心也。

王弼：无所欲为，闷闷昏昏，若无所识，故曰顽且鄙也。食母，生之本也。人者皆弃生民之本，贵末饰之华，故曰我独欲异于人。

明太祖：沌沌乎，昏浊之状，以其忘机也。如昭昭察察，其常人之所为，昏昏闷闷，乃守道之如是。岂昏昏而闷闷？

经典赏析 老子针对当时的世道人心进行批判，认为社会风气颓败，泛滥无边。在他看来，世间善恶美丑贵贱是非，都是相对形成的，人们对于价值判断，经常随着时代的不同而变换，随着环境的差异而更改。世俗的价值判断极为混淆，众人所戒忌的，也正是自己不必触犯的。

老子的一番话，使人感到愤世嫉俗的意味，其中不乏深刻的哲理。说"众人皆有余、昭昭、察察"，实则批判众人荒嬉盲目，自以为是；"我"却"昏昏，闷闷"，实则表示其大昭若昏，大智若愚。

在价值观上，在生活态度上，世俗之人熙熙攘攘，纵情于声色货利，而老子自己则甘愿清贫淡泊，并显示出自己与众人的疏离和不同之处。本章最后两句，表示的就是我不同于世俗之人，原因在我重视涵养于道。

二十一章　论道：惟道是从

　　孔德①之容②，惟道是从。道之为物，惟恍惟惚③。惚兮恍兮，其中有象④；恍兮惚兮，其中有物。窈兮冥兮⑤，其中有精⑥；其精甚真，其中有信⑦。自今及古，其名不去，以阅众甫⑧。吾何以知众甫之状哉？以此⑨。

注释 ①孔德：大德。孔，大。德，"道"的显现和作用。②容：形态，举止。③恍、惚：仿佛、不清楚、难以捉摸的样子。④象：形象，具象，物象。⑤窈、冥：窈，深远、微不可见。冥，暗昧、深不可测。⑥精：精气，极其细微的物质实体。⑦信：真实可信。⑧甫：始，引申为事物之原始。⑨此：指大道。

译文 大德的形态，是由道所决定的。道这种东西，是恍恍惚惚的。恍恍惚惚啊，其中却有某种形象；恍恍惚惚啊，其中却有具体的物质。深远幽暗啊，其中却有精微之气；这精微之气十分纯真，那里面有可靠的验证。自古及今，它的名字从未泯灭，可用它来审视世间万物的初始。我是如何来了解万物之始的情况呢？靠的就是这大道。

名家解老 河上公：有大德之人无所不容，能受垢浊，处谦卑也。大德之人不随世俗所行，独从于道也。道之于万物，独恍忽往来于其无所定也。道唯忽恍无形之中，独为万物法象。

王弼：窈冥，深远之叹，深远不可得而见，然而万物由之，其可得见以定其真。物反窈冥，则真精之极得，万物之性定，故曰其精甚真，其中有信也。

明太祖：道不失信，常经以四时，源源不绝，生物之繁，以为必然，故所以教人守此道，行以诚者，如影随身，如响疾应是也。

经典赏析 老子在这一章里描述了道的本质性状。我们认为，老子的道是属于物质性的东西，老子曾说"道之为物"，又说道中有物、有象、有情，这些并非有学者说的是属于观念性的事物，实质道就是物质性的东西。

对于道与德的关系，老子认为：道是无形的，它必须作用于物，透过物的媒介，而得以显现它的功能。此处，道之所显现于物的功能，老子称之为德。道产生了万事万物，而且内在于万事万物，在一切事物中表现它的属性，也就是表现了它的德。在人生现实问题上，道体现为德。这一章，也是研究老子哲学思想的核心——道的性质问题的重要篇章之一。

二十二章　修身：委曲求全

　　曲则全，枉①则直，洼则盈，敝②则新，少则得，多则惑。是以圣人抱一③为天下式④。不自见⑤，故明⑥；不自是，故彰；不自伐⑦，故有功；不自矜，故长。夫唯不争，故天下莫能与之争。古之所谓"曲则全"者，岂虚言哉？诚全而归之。

　　注释　①枉：弯曲，委曲。②敝：凋敝。③抱一：守道。抱，即守。一，即道。④式：法式，模式，范式。⑤见：同"现"，彰显、炫耀、显摆之意。⑥明：彰明，显明。⑦伐：夸耀。

　　译文　弯曲才能保全，委屈才能伸展，低洼之地可盈满，破旧器物将更新，目标少点收获更多，追求多了反而迷惑。所以，有道的人坚持以"道"作为天下事物的法式。不自我显摆，反能显明；不自以为是，反能声名显赫；不自吹自擂，反能功勋卓著；不自高自大，反能飞黄腾达。正是因为不和别人争，所以天下也就没有人能和他争。古人所说的弯曲才能保全，怎么会是空话呢？它实实在在能够达到！

　　名家解老　河上公：曲己从众，不自专，则全其身也。屈己而申人，久久自得直也。地洼下，水流之。人谦下，道归之也。自受弊薄，后己先人，天下敬之，久久自新也。自受取少则得多也。天道佑谦,神明托虚。财多者惑于所守,学多者惑于所闻。

王弼:自然之道,亦犹树也。转多转远,其根转少,转得其本,多则远其真,故曰惑也。少则得其本,故曰得也。

明太祖:此教人持身行事勿过。学道修诚,以分真伪,所以曲、枉、洼、敝、少喻勿太过,惟多则惑正,为学者虽能广览,而不分真伪,何如绝学也?

经典赏析 本章的主旨是曲乃能全,柔乃克刚,"夫唯不争,故天下莫能与之争"。在《庄子·天下》中,庄子称老子之道是"人皆求福,已独曲全。曰'苟免于咎'"。这里的"曲全",便是"苟免于咎"。

老子认为,事物常在对立的关系中产生,人们对事物的两端都应观察,从正面去透视反面的状况,对于反面的把握,更能显现出正面的内涵。实际上,正面与反面,并非截然不同的东西,而是相互储存的关系。一般人只知道贪图眼前的利益,急功近利。老子告诫人们,要把眼光放长远一点,要虚怀若谷,坚定地朝着自己的目标前进。然而,若不考虑客观情况,一味蛮干,其结果只能适得其反。

"曲全"完整的表述是"委曲求全"。对于人类而言,这是一种低姿态的生活态度。有道之人最明白这个道理,他们永远处在曲和枉的境界里,所以就无为地得到了全和直,也就无所谓曲和全、直和枉了。没有了概念和分别,也就没有了矛盾。没有了矛盾,也就没有了痛苦。没有了痛苦,也就自在无为,和大道同步了。

二十三章　治国：合乎自然

希言①自然。故飘风②不终朝，骤雨③不终日。孰为此者？天地。天地尚不能久，而况人乎？故从事于道者④，同于道；德者，同于德；失者，同于失⑤。同于道者，道亦乐得之；同于德者，德亦乐得之；同于失者，失亦乐得之。（信不足焉，有不信焉。）

注释 ①希言：少说话。这里引申为统治者少施政令、与民休息之意。②飘风：大风，强风，狂风。③骤雨：大雨，暴雨。④从事于道者：按道办事的人，积极修道的人。此处指统治者按道施政。⑤失：指失道或失德。

译文 少说话才是合乎自然规律的。就像狂风不会持续一早上，暴雨不会持续一整天一样。谁造成它这样的呢？是天地。天地尚且不能长盛不衰，何况人呢？积极修道的人，才能与大道合为一体；勤于修身养德的人，就能与德行合为一体；失道失德的人，就要承担失道、失德的后果。与大道融为一体的人，大道会帮助他成功；与德行融为一体的人，德行会帮助他成功；失道失德的人，大道也会听任他走向失败。（诚信不足的人，就会有人不信任他。）

名家解老 河上公：希言者，是爱言也。爱言者，自然之道。疾不能长，暴不能久也。天地至神，合为飘风暴雨，尚不能使终朝至暮，何况人欲为暴卒乎？

王弼：道以无形无为成济万物，故从事于道者，以无为为君，不言为教，绵绵若存，而物得其真。累少则得，故曰同于德也。累多则失，故曰失也。

明太祖：人能专其志，务于道，大者未尝不非常道。有志布德，未尝不有大德。若用邪心奸诡，未尝不由奸诡而失身。譬如人之在世，好此而此验，喜彼而彼来。

经典赏析 这一章接着上一章的道和德讲起，论证了人们必须与道和德相一致才能真正顺应自然。只有做到天人合一，才能从自然中受益。

老子认为，凡是剧烈骤急者都不能持久，唯有归依于道，方能长久。而从事于道者，道乃与他同在，就能得到道，相反则不能。老子举自然界的例子，天地掀起的狂风暴雨都不能长久，更何况统治者滥施苛政、虐害百姓。这个比喻有很强的说服力，它告诫统治者要遵循道的原则，遵循自然规律，暴政是长久不了的。统治者若清静无为，社会就能出现安宁平和的风气；统治者若恣肆横行，人民就会抗拒他；统治者若诚信不足，老百姓就不会信任他。

历史上的秦朝、隋朝，就是因为施行暴政、苛政而灭亡，天下百姓无法生活下去了，只有反抗、揭竿起义才有活路。

历史是一面镜子。统治者清静无为，不对百姓发号施令，不横征暴敛，百姓自会安居乐业，从而国泰民安，天下大治。

——二十四章　修身：以退为进——

　　企^①者不立，跨^②者不行。自见者，不明；自是者，不彰；自伐者，无功；自矜者，不长。其在道也，曰："余食赘行^③，物或恶之。"故有道者不处。

　　注释　①企：意为举起脚跟，脚尖着地。②跨：跃，越过，大步而行。③余食赘（zhuì）行：吃剩的食物，身上的赘疣。比喻令人讨厌的东西。赘行，通"赘形"，多指赘疣。

　　译文　踮起脚跟想要站得高的人，反而站不稳；跳跃式地前行的人，反而走不远。自我显摆的人，反而难以显明；自以为是的人，其优点反而得不到彰显；自吹自擂的人，有功劳也没人承认；自高自大的人，难以成为领袖人物。以上这些做法，从大道的角度来衡量，就像残羹剩饭和身上的赘疣一样。残羹剩饭令人厌恶，赘疣让人觉得丑陋，所以有道之人绝不会这样做。

　　名家解老　河上公：贪权慕名，进取功荣也，则不可久立身行道也。自以为贵而夸于人，众共蔽之，使不得行。人自见其形容以为好，自见所行以为应道，殊不自知其形丑，操行之鄙。

　　王弼：其唯于道而论之，若却至之行，盛馔之余也。本虽美，更可秽也。虽有功而自伐之，故更为肬赘者也。

明太祖：其四自字之说，有何难见也？不过使人毋得张声势耳。我尽作为，惟取自然而已。余食赘形，亦夸也。尔既自夸，人谁不笑，所以君子不取，为此也。

经典赏析 "企者不立""跨者不行""自见者不明""自是者不彰""自伐者无功""自矜者不长"，这些问题，老子是针对有关社会政治及其得失的内容提出来的，它们的表现及其结果往往是对立的、相互矛盾的。这是老子思想中极富精义的部分，在其中始终贯穿着"以退为进""委曲求全"的处世哲学。

我们可以从中领悟出：做人不能太虚荣、太张扬、太妄自尊大。在这个物欲横流的社会，人心变得越来越浮躁，虚荣心日增。如何身处闹市而抛却浮华，做一个大道大德之人，这是很多人都关心的问题。可是，针对这个问题，除了老子，没有人能给我们一个切实可行的答案。

老子作为一个两千多年前的思想家，他的思想体系对现代人而言依然具有很大的借鉴意义。他对大道的透析及形成的处世哲学是我们人类的思想瑰宝。

二十五章　论道：道法自然

　　有物混成①，先天地生。寂兮寥兮②，独立而不改③，周行而不殆④，可以为天地母。吾不知其名，强字⑤之曰"道"，强为之名曰"大"⑥。大曰"逝"⑦，逝曰"远"，远曰"反"⑧。故道大，天大，地大，人亦大。域中⑨有四大，而人居其一焉。人法地，地法天，天法道，道法自然⑩。

　　注释　①混成：混沌而成，指原初的浑朴状态。②寂兮寥兮：形容"道"无声音，无形体。③独立而不改：形容道不靠任何外力而存在，具有独立性、永恒性和绝对性。④周行而不殆：循环运行而不停息。⑤字：命名。⑥大：形容"道"广阔无边，力量无穷。⑦逝：指"道"的运行周流不停，永不息止。⑧反：指返回到原点或原状态。⑨域中：天地间，宇宙中。⑩法自然：纯任自然，按自然规律办事。

　　译文　有种东西混沌而成，在天地形成以前就已经存在。它没有声音，也没有形体，不依靠任何外力而独立长存，循环运行而永不衰竭，它可以作为天地万物的母亲。我不知道它的名字，约定叫它"道"；勉强地形容它，说它是广大无边的。广大无边而运行不息，运行不息而深远无际，深远无际而又返归本原。所以说，道大、天大、地大，人也大。整个宇宙中有这四大，而人是其中之一。人学习地的厚实涵藏，地学习天的高明宽广，天学习道的本源创生，道则纯任自然，顺规律行事。

河上公：道无形混沌而成万物，乃在天地之前。寂者，无音声；寥者，空无形；独立者，无匹双；不改者，化有常。道通行天地，无所不入。在阳不焦，托阴不腐。无不贯穿，不危殆。道育养万物精气，如母之养子。

王弼：周行无所不至，故曰逝。周无所不穷极，不偏于一逝，故曰远也。不随于所适，其体独立，故曰反也。

明太祖：人法地者，君天下，当体地之四序交泰，以为常经而施政。地法天者，听风雨霜露，以生实收敛物焉。天法道者，以无极之气，自然徐成之也。道法自然者，和气冲而物不敝是也，故能自然。

这一章，是老子论述道之性状的主要篇章之一。道，无形无象，独立不移，运行不止，为天地万物之本原。它是物质性的、最先存在的实体。

就本章主旨而言，有学者做了这样精辟的论述："道不是来自天上，恰恰是来自人间，来自人们日常生活所接触到的道。比起希腊古代唯物论者所讲的'无限'来，似乎更实际些，一点也不虚玄，可能人们受后来的神秘化了的'道'的观念的影响，才认为它是状态的物体，包括有和无两种性质，由极微小的粒子在寥廓的虚空中运动所组成。它是独立存在的，也不依靠外力推动。宗教和迷信的说法，认为上帝是世界的主宰者，但老子说的'道'在上帝之前已经出现；传统观念认为世界的主宰者是'天'，老子把天还原为天空，而道是先天地而生的。道产生万物，是天地之根，万物之母，宇宙的起源。"这种观点是很正确的。

二十六章　修身：心静则安

重为轻根①，静为躁君②。是以君子③终日行不离辎重④。虽有荣观⑤，燕处⑥超然。奈何万乘之主⑦而以身轻天下？轻则失根，躁则失君。

注释 ①根：根本，根基。②君：主宰。③君子：有道之人，品德高尚的人。这里指理想之主。④辎（zī）重：军队中载运的器械、粮食等物资。⑤荣观：美好的景观，指华美的生活。⑥燕处：安居的地方；安然处之。⑦万乘之主：兵车数量可观的大国的君主。乘，是古代兵车的数量单位。

译文 凝重是轻浮的根本，静定是躁动的主宰。因此，君子整日行走，都不离开衣食等物资。虽然享受华美的生活，却能安然处之，超然物外。为什么大国的君主，却还要以轻率的态度处理天下大事呢？要知道，轻率就会失去根本，急躁妄动就会丧失主宰啊！

名家解老 河上公：人君不重则不尊，治身不重则失神。草木之华轻，故零落；根重，故长存也。人君不静则失威，治身不静则身危。龙静，故能变化；虎躁，故天亏也。圣人终日行道，不离其静与重也。

王弼：凡物轻不能载重，小不能镇大；不行者使行，不动者制动。是以重必为轻根，静必为躁君也。失本为丧身也。失君为失君位也。

明太祖：持身之道如是，凡君子举事，必先以身为重，然后度所行之事，可全身立名者，方乃施之。所以下重、静、轻、躁四字，乃云不欲胡为轻发，亦不许犹豫也。

经典赏析 任继愈先生在《老子新译》中对本章作了阐释，他说："这一章老子举出轻和重、静和动（躁）两对矛盾。认为轻与重对立，重是矛盾的主要方面；躁与静对立，静是矛盾的主要方面。这可以看出《老子》的辩证法是不彻底的。动与静的矛盾，应当把动看作是绝对的，起决定作用的，是矛盾的主要方面。老子虽然也接触到动静的关系，但他把矛盾的主要方面弄颠倒了，也就是把事物性质弄颠倒了。因此，他把静看作起主要作用的方面。所以老子的辩证法是消极的，是不彻底的，有形而上学的因素。这种宇宙观和他所代表的没落阶级的立场完全相适应。"

在《道德经》开头几章，老子列出了美丑、善恶、有无、难易、长短、高下、声音、前后、宠辱等范畴，本章又列出了动静、重轻的范畴加以论述，这些是老子朴素辩证法思想的反映。他揭示出事物存在是互相依存的，而不是孤立的，说明他确实看到客观现象和思想现象中，矛盾是普遍存在的，存在于一切过程之中。任继愈先生认为老子的辩证法不是彻底的，但就本章而言，这种观点有悖全文内容。这一章老子论述的是政治学，要求统治者守静持重，不可轻举妄动。老子指出"君子终日行不离辎重。虽有荣观，燕处超然"，又批评有些统治者"奈何万乘之主而以身轻天下"。若脱离这些具体内容，后人只抓住"静为躁君"做泛泛批判，似乎也有违对具体情况做具体分析的原则。

韩非子在《喻老》中以赵主父为例说："主父，万乘之主，而以身轻于天下。无势之谓轻，离位之谓躁，是以生幽而死。故曰：'轻则失臣，躁则失君。'主父之谓也。"君不能失势，这正是韩非子和老子在政治学上的共识。

二十七章　治国：无为而治

　　善行，无辙迹①；善言，无瑕谪②；善数，不用筹策③；善闭，无关楗④而不可开；善结，无绳约⑤而不可解。是以圣人常善救⑥人，故无弃人⑦；常善救物，故无弃物⑧。是谓"袭⑨明"。故善人者不善人之师，不善人者，善人之资⑩。不贵其师，不爱其资，虽智大迷，是谓"要妙"。

　　注释　①辙迹：车轮转动时留下的痕迹。②瑕谪：玉石上的斑痕，引申为瑕疵、缺点、毛病。③筹策：古人计算时使用的工具。④关楗（jiàn）：关门的木闩（shuān）。横的叫关，竖的叫楗。⑤绳约：用绳索捆绑，亦比喻拘束、约束。⑥救：阻止，制止；挽救，帮助。⑦弃人：无用之人。⑧弃物：无用之物。⑨袭：承袭，含藏，保持。⑩资：取资、借鉴之意。

　　译文　善于行走的，不会留下痕迹；善于言谈的，没有任何瑕疵；善于计算的，不必借助于筹码；善于关闭门户的，不用木闩别人也打不开；善于打结的，不用绳索别人也解不开。因此，圣人总是善于使人尽其才，因而没有无用之人；总是善于物尽其用，因而也就没有无用之物。这叫作藏而不露的智慧。所以，善人是不善人的老师，不善人则是善人的借鉴。不重视自己的老师，不珍惜自己的借鉴，即使是聪明人，也会变糊涂。这叫作精微玄妙的道理。

名家解老 河上公：善行道者，求之于身，不下堂，不出门，故无辙迹。善言，谓择言而出，则无瑕疵谪过于天下。善以道计事者，则守一不移，所计不多，则不用筹策而可知也。

王弼：因物自然，不设不施，故不用关楗绳约而不可开解也。圣人不立形名，以检于物；不造进向，以殊弃不肖；辅万物之自然，而不为始，故曰无弃人也。虽有其智，自任其智，不因物，于其道必失，故曰虽智大迷。

明太祖：君子之道，行人不能知，以其无夸己之言。其又不自矜，既不自矜，何有妄言？妄言既无，安有瑕谪？

经典赏析 此处的"善"，作任其自然、无为而为之解释。老子要求世人尤其是圣人遵循"无为而治"的原则。这一章说明了有道者顺任自然以待人接物，更表达了有道者无弃人、无弃物的胸怀。人无弃人，物无弃物，天下的善人不善人，善物不善物，都是有用处的。善者为师，恶者为鉴，一律加以善待，特别是对于不善的人，并不因其不善而鄙弃他，一方面劝勉、诱导他，另一方面也给他一个成为善人借鉴的作用。因而，无论善人与不善人，都可以永恒为善，也就是以无为之道而救之。

善行、善言、善数、善闭、善结，这"五善"是合乎大道的，只有达到"五善"的境界，才能行动自如，同庖丁解牛一般。在这一章中，处处闪耀着老子的智慧火花，无不显示了他深藏不露的机智和机巧之心。

二十八章 修身：知荣守辱

知其雄①，守其雌②，为天下谿③；为天下谿，常德不离，复归于婴儿。知其白，（守其黑，为天下式④；为天下式，常德不忒⑤，复归于无极⑥。知其荣，）守其辱，为天下谷⑦。为天下谷，常德乃足，复归于朴⑧。朴散则为器⑨，圣人用之，则为官长。故大制不割⑩。

注释 ①雄：比喻刚劲、强大。②雌：比喻柔弱、谦下。③谿（xī）：通"溪"，溪谷、溪涧。④式：标准，榜样，范式。⑤忒：过失。⑥无极：指永恒真理，宇宙之原初状态。⑦谷：深谷。比喻胸怀广阔。⑧朴：朴素。指纯朴的原初状态。⑨器：器物。指万事万物。⑩割：割裂，损害。

译文 深知雄强之道，却能安处柔弱之位，做天下的溪谷；做天下的溪谷，就能常德不离身，回归婴儿般纯洁的状态。深知清明之德，却能安处幽昧之地，做天下的榜样；做天下的榜样，就能长葆美德而无过失，回归宇宙之原初状态。深知荣耀之理，却能安处卑屈之地，做天下的深谷。做天下的深谷，就能常德完足，返璞归真。真朴的状态分散就成为具体的物，圣人依循这一原则，就能领袖群伦。因此，大手笔的制作，是不需要刻意雕琢和损害原材料的。

名家解老 河上公：雄以喻尊，雌以喻卑。人虽知自尊显，当复守之以卑微，去雄之强梁，就雌之柔和。如是则天下归之，如水流入深谿也。

王弼：真散则百行出，殊类生，若器也。圣人因其分散，故为之立官长，以善为师，不善为资，移风易俗，使归于一也。大制者，以天下之心为心，故无割也。

明太祖：白乃光明也，将甚必有亏，故先守其黑。黑乃明之先兆，是以存其光而不欲尽也。既富而恐有所辱，守之以严，则不辱矣。

经典赏析 守其雌柔，甘为溪谷，大制不割，任其自然，这些是本章的旨意。

老子明确反对用仁义礼智信这些儒家的规范约束人、塑造人，反对用这些说教扭曲人的本性。本章老子所说的"复归"，就是不要按照圣贤所制定的清规戒律去束缚人们，而应当让人们返回到自然素朴状态，也就是所谓的"返璞归真"。这一章，老子还主张用柔弱、退守的原则来保身处世。刚强是有为的表现形式，柔弱是无为的表现形式。柔弱是合于道的，而刚强是不合于道的。他要求人们认识到刚强是不合道之法则的，所以要坚守柔弱。人们常用温柔似水来形容女子美好的性格特征。水性本柔，所以能承载天下万物。人们如果能达到如水般柔顺，也就符合了道的要求，也就回归到婴儿般的自然人状态，得道也是必然的了。

二十九章　治国：因势利导

将欲取①天下而为②之，吾见其不得已③。天下神器④，不可为也，不可执⑤也。为者败之，执者失之。（是以圣人无为，故无败；无执，故无失。）夫物⑥，或行或随，或嘘或吹⑦，或强或羸⑧，或载或隳⑨。是以圣人去甚，去奢，去泰⑩。

注释　①取：治理。②为：指强行去做。③不得已：达不到，办不到。④神器：神圣之物。⑤执：掌握，控制。⑥物：指万事万物、一切事物。⑦嘘、吹：嘘，和缓地吐气。吹，急速地吐气。⑧羸（léi）：羸弱，虚弱。⑨载、隳（huī）：载，安稳。隳，危险。⑩甚、奢、泰：甚，极端。奢，奢侈。泰，过度。

译文　想要治理好天下，却又用强制的办法，我看他不能成功。天下是神圣之物，不可去强行改变它。企图强行改变它，必定会失败；企图强行控制它，必定会失去。若是违背了这些规律，有所作为反而导致失败，握住不放反而要失去。因此，圣人顺从自然，无所作为也就无所失败，无所把持也就无所丢失。天下万物，有的前行、有的后随，有的性缓、有的性急，有的强壮、有的羸弱，有的安处、有的危殆。因此，圣人要去除走极端，去除奢侈，去除过度。

名家解老 河上公：人乃天下之神物也。神物好安静，不可以有为治。以有为治之，则败其质性。强执教之人，则失其情实，生于诈伪也。

王弼：万物以自然为性，故可因而不可为也，可通而不可执也。物有常性，而造为之，故必败也；物有往来，而执之，故必失矣。圣人达自然之至，畅万物之情，故因而不为，顺而不施；除其所以迷，去其所以惑。故心不乱，而物性自得之也。

明太祖：吾将取天下而将行，又且不行，云何？盖天下国家，神器也。神器者何？上天后土，主之者国家也。所以不敢取，乃曰我见谋人之国，未尝不败，然此见主者尚有败者，所以天命也。

经典赏析 老子认为，统治者治天下必须无为，无执；为者败之，执者失之。而作为人，原本有诸多种情况，先后、冷热、强弱、上下，都属于正常情况，因而应该顺其自然，做到无为无执，不可苛求。所以，老子希望那些得"道"的统治者治国安民，一切事情都不要走向极端，不要存在奢望，更不要好大喜功。

老子认为，国君固然免不了会有一些所谓大有作为的举动，但任何领导者都不能用国家来作为施展自己个人理想抱负的工具。老子态度严厉地警告那些野心勃勃的统治者：谁想以国家作为事业的赌注，谁就会失败；谁想长久把持国家作为个人私产，谁就会失去它。

因此，圣人治理国家，总是努力消除个人那些偏执、奢华、过分的行为方式。圣人明白了这个道理，所以就采取无为的方针来治理，所以就不会失败。因为他不去支配百姓，所以也从来不会有什么失去的东西。这样一来，天下也就得到大治了。

三十章 议兵：兵凶战危

　　以道佐人主者，不以兵强天下。其事好还①。师之所处，荆棘生焉。大军之后，必有凶年②。善有果③而已，不敢以取强④。果而勿矜，果而勿伐，果而勿骄，果而不得已，果而勿强。物壮⑤则老，是谓不道⑥，不道早已⑦。

　　注释 ①还：还报，报应。②凶年：荒年，灾年。③果：成功，达到目的。④取强：逞强，好胜。⑤壮：强壮、强大，引申为发展到顶点。⑥不道：不合乎大道，违背大道。⑦已：消亡，死亡。

　　译文 用"道"来辅佐国君的人，不仗恃武力逞强天下。穷兵黩武会有报应。军队所到之处，荆棘丛生；战乱之后，一定会出现荒年。故此善用兵者，只求达到目的而已，并不依靠兵势逞强。达到目的也别自负，达到目的也别夸耀，达到目的也别骄傲，达到目的是迫不得已，达到目的也别逞强。事物过于强大就要走向衰朽，这就叫作违背大道，违背大道就会过早地消亡。

　　名家解老 河上公：人主能以道自辅佐也。以道自佐之主，不以兵革，顺天任道，敌人自服。其举事好还，自责不怨于人也。

　　王弼：善用师者，趣以济难而已矣。不以兵力取强于天下也。

兵虽趣功果济难，然时故不得已，当复用者，但当以除暴乱，不遂用果以为强也。

明太祖：凡国家用兵，或转输边境，转输则民疲用乏，是有凶年。或境内相争，言境内相争，农废耕植，田野荒芜，所以荆棘生焉。皆乏用，是为凶年。

经典赏析 这一章表现了老子的战争观。老子反对战争，反对"以兵强天下"。如果真正迫不得已而进行战争，也只能限于解除危难。他一再强调，不可逞强好斗。

古时曾有不少学者认为《道德经》是一部兵书，它囊括了古代兵书的要旨。但是，纵观《道德经》全书，直接论兵的唯本章（三十章）、三十一章及六十九章，仅三章而已。讲哲理偶以兵事取喻者也不过十章。因此，《道德经》是一部哲学著作而非兵书，他论兵是从哲学的角度，而非军事学的角度。

谈到许多哲学问题时，也涉及军事，因为哲学与军事虽非属于同一学科，但有许多内在相通之处。

春秋战国时代，战争是社会生活中的重要内容，哲学家、思想家们对这些社会实际问题并不会熟视无睹。他们从这些战争的过程中，观察到某些带有哲理性的问题，并上升到哲学高度加以分析研究，寻找到包括战争在内的一般事物发展变化的规律，如本章的"物壮则老"，这无疑具有普遍的启示价值。如果以《孙子兵法》作比，老子的《道德经》也就不可能与之相提并论了。

老子在本章还说明了这样一个人生道理：做事情不能太过头，太过头就会走向反面。当我们取得成绩时，不可沾沾自喜，更不可妄自尊大，而应该保持一个适当的度。否则，就会朝相反的方向转化。人们常常说的"乐极生悲"就是这个道理。

三十一章 议兵：哀兵必胜

夫兵①者，不祥之器，物②或恶之，故有道者不处③。君子居则贵左④，用兵则贵右。兵者不祥⑤之器，非君子之器，不得已而用之，恬淡⑥为上。胜而不美，而美之者，是乐杀人。夫乐杀人者，则不可得志于天下矣。吉事尚左，凶事尚右。偏将军居左，上将军居右。言以丧礼处⑦之。杀人之众，以悲哀泣⑧之。战胜，以丧礼处之。

注释 ①兵：兵器、武器，引申为武力。②物：指人。③处：接近，接纳。④贵左：古人以左为阳，以右为阴，阳主生，阴主杀。尚左、尚右、居左、居右都是古人的礼仪。⑤祥：吉凶祸福的征兆，吉祥、善。⑥恬淡：安静，沉着。⑦处：处置，处理。⑧泣：面对，对待。

译文 武力是不吉祥的东西，人们都厌恶它，所以心怀大道的人不接纳它。君子平时居处以左侧为贵，而用兵时却以右侧为贵。武力是不吉祥的东西，不是君子的工作，如果迫不得已而使用它，最好淡然处之。取胜了也不要得意，如果得意，就是喜欢杀人了。喜欢杀人的人，不可能在天下取得成功。所以，吉庆的事情，以居左侧为尊；凶丧的事情，以居右侧为尊。因此，副将常居于左侧，主将常居于右侧。这是说，作战要以丧礼来处置。杀人众多，要用哀痛的心情去面对，打了胜仗也要用丧礼来处置。

名家解老 河上公：兵者，惊精神，浊和气，不善人之器也，不当修饰之。兵动则有所害，故万物无有不恶之。伤己德薄，不能以道化人，而害无辜之民。君子贵德而贱兵，不得已诛不祥，心不乐之，比于丧也。

明太祖：兵行处所，非损命则诸物不无被废。物者何？钱粮兵甲旗仗舍宇津渡身车及马，无有不损者，故物或恶之。为此其上善度之，不处是也。兵本是凶器，没奈何而用之，是以君子不得已而用之，纵使大胜，不过处以寻常。所以寻常者，即恬淡也。是谓胜不美。

经典赏析 战争，人类最残酷最愚昧的行为，它会给人类带来深重的灾难、巨大的祸殃。上一章老子讲的"师之所处，荆棘生焉""大军之后，必有凶年"，就是讲战争给人类带来的灾难。本章老子说"兵者不祥之器，非君子之器"，他显然没有主张用兵之意。老子又说，对于战争"不得已而用之"，这表明老子在诅咒战争的同时，也承认在"不得已"时还是要采用的。

春秋战国时代，各诸侯国互相攻伐，战争频繁，且规模日益扩大，彼此兵力伤亡惨重，而其间普通百姓是最大的受害者。每逢战争，人们扶老携幼、背井离乡四处逃亡，严重破坏社会正常生产，也造成社会动荡不安，战争实在是残酷的东西。

所谓君子迫不得已而使用战争的手段，这是为了除暴安良，救国救民，舍此别无目的。即便如此，用兵者也应"恬淡为上"，战胜了也不要颂扬，因为是不祥之事，所以要以丧事对待。相反若得意扬扬，自以为是，那么他就是喜欢用武力杀人。这正是对那些喜欢穷兵黩武的人提出的警告。

三十二章 论道：知止不殆

　　道常无名，朴①。虽小②，天下莫能臣③。侯王若能守之，万物将自宾④。天地相合，以降甘露，民莫之令而自均⑤。始制有名⑥，名亦既有，夫亦将知止，知止可以不殆⑦。譬道之在天下，犹川谷之于⑧江海。

　　注释　①朴：指"道"的真朴状态。②小：此处用以形容"道"隐而不可见。③臣：使……臣服。④宾：服从之意。⑤自均：自发均衡分配。⑥始制有名：万物生发，于是产生了各种名称。⑦不殆：没有危险。⑧之于：流入的意思。

　　译文　"道"永远是无名的，处于真朴的状态。它虽然微小，但天下没有谁能使它服从自己。侯王若能依照"道"的原则治理天下，万物都将自动归顺。天地间阴阳之气交合而降下雨露，人们不必等侯王下令就能自发将其均衡分配。万物生发，于是产生了各种名称，名称确定下来之后，就应懂得适可而止。懂得适可而止，就可以避免危险。大道为天下所归，就好比河川流入江海。

　　名家解老　河上公：道能阴能阳，能弛能张，能存能亡，故无常名也。道朴虽小，微妙无形，天下不敢有臣使道者也。道无名，能制于有名；无形，能制于有形也。

王弼：川谷之求江与海，非江海召之，不召不求，而自归者。世行道于天下者，不令而自均，不求而自得，故曰犹川谷之与江海也。

明太祖：其名因物而有之，乃当止之，何故？盖谓令君子措事既成，勿再加巧，加巧则复敝，不加巧，是谓知止。既能知了足，可以不危，即不殆。

经典赏析 老子在《道德经》里所说的道，就是指物质世界的实体及其变化的原因和规律。道是永恒的，既如无名之朴，是极幽微的，而且还适用于新旧转化运动的客观规律。

这一章，老子告诫天下侯王，必须守道无为，让天下万物自然臣服，自身也应该知所止足，如此才会立于不败之地。

本章的"无名、朴"两个概念，任继愈先生在《老子哲学讨论集》中认为："老子的哲学，无论在世界观方面或在辩证法方面都具有这种素朴的、直观的特点。道，老子的书中也是用直观来说明自然现象的普遍联系的。老子对世界的本原，说'无以名之，字之曰道，强名之曰大。'又把道叫作'朴'（通常无名，朴虽小，天下莫能臣）。有时把道叫作'无名'（一章：无名，天下之始；三十二章：道常无名；三十七章：……镇之以无名之朴；四十一章：道隐无名）。从这些例子可以看出老子书中的道，实在是混然一体'无名'或'朴'。把老子的道看作纯精神的客观实在为绝对理念，与老子的原意不合。"

三十三章 修身：自知者明

知人者智，自知者明。胜人者有力，自胜者强①。知足者富，强行②者有志。不失其所者久，死而不亡③者寿。

注释 ①强：刚强、果决，此处意指强者。②强行：持之以恒，坚持不懈。③死而不亡：身亡而道存。亡，死亡、消亡。

译文 能了解别人的人是智慧的，能认识自己的人是聪明的。能战胜别人的人是有力量的，能战胜自己的人才是真正的强者。知道满足的人是富有的，坚持不懈的人是有志气的。不离开适于自己生存的环境的人，就能长生久视；身死而精神长存不被人遗忘的人，才算真正长寿。

名家解老 河上公：能知人好恶，是为智。人能自知贤不肖，是为反听无声，内视无形，故为明。能胜人者，不过以威力也。人能自胜己情欲，则天下无有能与己争者，故为强。

王弼：以明自察，量力而行，不失其所，必获久长矣。虽死而以为生之道不亡，乃得全其寿，身没而道犹存，况身存而道不卒乎？

明太祖：吾有己物，守之而不贪，于我物甚坚，故得当富。又强行者，言君子终日虑道不息，是为有志，既有志，事将必成焉。

经典赏析 本章老子主要是论精神修养，其关键就在于要善于控制自己。

有人认为，老子说的"死而不亡者寿"，是唯心主义的思想。而张松如先生认为，老子所说的这种观点"为什么是唯心主义呢？难道'死而不亡'是'有鬼论'吗？"。他认为：这是见仁见智，人各有心；个人的精神修养，可以使人具有智、明、力、强、富、志、久、寿这些品格和素质，这些都具有积极的意义。老子极力宣传"死而不亡"，这是他一贯的思想主张，体现"无为"的思想主旨。"死而不亡"并不是在宣传"有鬼论"，不是在宣扬"灵魂不灭"，而是说，人的身体虽消失了，但人的精神是不朽的，是永垂千古的，这当然可以算作长寿了。

这一章虽然只有寥寥数语，看似浅显易懂，其实老子向我们展示的是极其深奥的道理。老子强调指出：能够理解判断外人和外物的人，只能称其为拥有世间的庸俗智慧；而通过外事外物反观自己，从而悟出生命本来面目的人，才可谓有大智慧，也就是明。能够以武力战胜别人的人，只能称其为有力量，而这个力量是大道所给予的，是大道的生命活动本身的体现；能够战胜自己私欲和成见的人，才是真正意义上的强者。人的私欲是无止境的，而且其危害很大。一个能战胜自己私欲的人已达到了物我两忘的境界，"我是谁""谁是我"，这已不再重要。只有达到了这种境界的人，才能无所不容，万物皆容，他自然是强大的。

三十四章　论道：道在左右

大道氾^①兮，其可左右^②。万物恃之以生而不辞^③，功成而不有。衣被万物而不为主^④，可名于"小"；万物归焉而不为主，可名为"大"。以其终不自为大，故能成其大。

注释　①氾（fàn）：同"泛"，普遍、广泛。②其可左右：这里指伸向四面八方。③辞：言辞、称说，引申为推辞、辞让之意。④主：主宰。

译文　大道普遍存在，左右上下无所不到。万物依靠它生存而它不推辞，成就了功业，它也不据为己有。它养育万物而不主宰万物，永远没有私欲，可以说它很渺小；万物归附它，它却不自以为主宰，又可以说它很伟大。因此，圣人始终不以伟大自命，才能成就它的伟大、完成它的伟大。

名家解老　河上公：道氾氾，若浮若沉，若有若无，视之不见，说之难殊。道可左右，无所不宜。万物皆恃道而生，道不辞谢而逆止也。

王弼：万物皆由道而生，既生而不知其所由。故天下常无欲之时，万物各得其所，若道无施于物，故名于小矣。万物皆归之以生，而力使不知其所由。此不为小，故复可名于大矣。

明太祖：圣人善能利济万物，又不自夸其功，是谓能成其大。

因本身不以为大，所以成大，乃不成而成者矣。

经典赏析 这一章老子论述的是道的本质特性及其功用。老子借讲大道的人格化本性，来讲统治者怎样才能把社会治理成符合大道要求的社会，核心内容就是对小和大的阐述。

老子认为，统治者治理社会是与统治者的个人人格修为紧密相关的。个人人格修为是小道，而以个人人格修为的小道去治理社会则能成就出大道。"常无欲"是个人人格修为的核心，只要统治者没有个人私欲，那么就不会把天下万物视为己有，从而也就会出现"万物归焉而不为主"的理想社会环境。老子的这一思想是与儒家"普天之下，莫非王土；率土之滨，莫非王臣"的封建思想针锋相对的，可以说是老子对儒家这一思想的批判，是对封建社会制度的否定，其所追求的是有平等观的理想社会。在老子所处的时代，老子此一思想的提出无疑是有积极意义的。

三十五章 论道：天下归一

执大象①，天下往。往而不害，安②平泰③。乐与饵④，过客止。道之出口，淡乎其无味。视之不足见，听之不足闻，用之不足既⑤。

注释 ①大象：大道之象。用来描述"道"，代表"道"被人观察到的一面。象，形象。②安：乃，则，于是。③泰：平和、安宁之意。④乐与饵：音乐和美食。⑤既：穷尽。

译文 守住大道之象，天下人都来归附。都来归附而不互相伤害，就和平安宁。音乐和美食，可吸引路过的客人驻足。用言语来表述大道，则淡而无味。看它却看不见，听它却听不到，运用它却是永无穷尽。

名家解老 河上公：圣人守大道，则天下万物移心归往之也。万物归往而不伤害，则国安家宁而致太平矣。人能乐美于道，则一留止也。去盈而处虚，忽忽如过客。

王弼：道之出言，淡然无味。视之不足见，则不足以悦其目。听之不足闻，则不足以悦其耳，若无所中然。乃用之不可穷极也。

明太祖：君能抚养有方，虽有叛者，亦复归也。过言去，止言复往。其谓道，无形无影，口说时无验，亦无滋味，看又不

83

三十五章　论道：天下归一

见，耳听之又无声，愚人将谓无有，上善用之，终古不乏，是谓不可既。

🐉 经典赏析 老子认为，统治者只要掌握了大道，天下皆可归往。他在本章里警诫那些执政者不要沉湎于声色美食之中，应归附于自然质朴的大道，才能保持社会的安定和发展。统治阶层纵情声色，不理朝政，这是在春秋末年最普遍的现象。各诸侯国之间的战争，使天下百姓叫苦不迭。而在日常生活中，执政者荒于政事，对平民百姓的生死漠不关心，置若罔闻。老子目睹这一幕幕状况，内心焦虑万分。本章的一番言论，表明了他对天下百姓的安危生存忧虑的历史责任感。所以，他向统治者提醒，道虽不可感知，但只要切实掌握了它，则受用无穷无尽。

三十六章　治国：物极必反

将欲歙^①之，必固^②张之；将欲弱之，必固强之；将欲废之，必固举之；将欲取之，必固与^③之。是谓"微明"^④。柔弱胜刚强。鱼不可脱^⑤于渊，国之利器^⑥不可以示人^⑦。

注释 ①歙（xī）：收敛，闭合。②固：同"姑"，暂且的意思。③与：同"予"，给的意思。④微明：微妙，明通。⑤脱：离开，脱离。⑥利器：有利武器，引申为政治制度等。⑦示人：给人看，向人炫耀。

译文 想要让它收敛，不妨暂且让它张扬；想要削弱它，不妨暂且使它增强；想要毁灭它，不妨暂且抬举它；想要剥夺它，不妨暂且给予它。这叫作微妙、明通的道理。柔弱的胜过刚强的。鱼要生存就不可离开池渊，国家的有利武器不可以轻易拿给别人看。

名家解老 河上公：先开张之者，欲极其奢淫。先强大之者，欲使遇祸患。先兴之者，欲使其骄危也。先与之者，欲极其贪心也。治国，权者不可以示执事之臣也；治身，道者不可示非其人也。

王弼：将欲除强梁，去暴乱，当以此四者。因物之性，令其自戮，不假刑为大，以除将物也，故曰微明也。足其张，令之足，而又求其张，则众所歙也。与其张之不足而改，其求张者愈益，而已反危。

明太祖：柔浅而机秘，智者能之。

经典赏析 这一章表述了老子的政治权术。从形式上看，"柔弱胜刚强"是文中四个"必固"的归纳，而实质上，四个"必固"是"柔弱胜刚强"的演绎，是这一原则的具体运用，是老子为"国君"设计的统领臣下和对付政敌的策略。

同时，"将欲歙之，必固张之；将欲弱之，必固强之；将欲废之，必固举之；将欲取之，必固与之"，这又是老子对于事态发展的具体分析，贯穿了老子所谓"物极必反"的思想。歙（合）张、弱强、废举、取与，这四对矛盾的对立统一体中，老子宁可居于柔弱的一面。

在对于人与物做了深入而普遍的观察研究后，老子认识到，柔弱的东西里面蕴含着内敛，往往富于韧性，生命力旺盛，发展的余地极大。反之，看似刚强的东西，因其显扬外露，往往失去发展的前景，所以不能持久。

在柔弱和刚强的对立中，老子断言，柔弱的呈现胜于刚强的外表。这是老子哲学思想的基础。

三十七章 治国：无为无不为

道常无为而无不为①。侯王若能守②之，万物将自化③。化而欲④作，吾将镇之以无名之朴⑤。镇之以无名之朴，夫将不欲⑥。不欲以静，天下将自正。

注释 ①无为而无不为：无为，指顺其自然，不妄为。无不为，指没有什么事是它做不到的。"无不为"是"无为"（不妄为）所产生的效果。②守：遵循。③自化：自我化育，自生自长。④欲：欲望，这里指有所作为的念头。⑤朴：形容"道"的真朴。⑥不欲：无欲。

译文 "道"永远顺任自然而无所作为，却又没有什么事是它做不到的。侯王若能遵循大道，万物将会自我化育。自我化育时若有人产生有所作为的念头，我将用无名的真朴状态去安定他。万物在无名的真朴状态下行事，将会变得没有欲念。万物没有欲念而又清静淡泊，那么天下就会自己安定下来。

名家解老 河上公：道以无为为常也。侯王若能守道，万物将自化，效于己也。复欲作巧伪者，侯王当身镇抚以道德。

王弼：顺自然也。万物无不由为以治以成之也。化而欲作，作欲成也，吾将镇之无名之朴，不为主也。

明太祖：王道布宇内，民从而国风淳。久之民富，人将奢侈，是以镇之。谓为王者，身先俭之，以使上行下效，不致纵欲是也。王者身行之，余者不待化而自化，必然。

🐉 经典赏析 老子认为，"无为而无不为"，是道发挥作用的方式。本章老子把这一原则引入人事，引入政治，表明侯王应当遵循这一原则，任天下百姓自然化育。

我们知道，老子的道不同于任何宗教的神，神是有意志、有目的的，而道是非人格化的。道创造万物，但又不主宰万物，顺任自然万物的繁衍、发展、淘汰、新生，所以"道常无为"实际上是不妄为、不强为。这样做的结果，自然是"无不为"了。本章老子根据自然界的"道常无为而无不为"，要求"侯王若能守之"，即在社会政治方面，也要按照"无为而无不为"的法则来实行，从而引导出"化而欲作，吾将镇之以无名之朴"的结论。老子认为，理想的执政者，只要遵守"道"的原则，就会达到"天下将自正"这样的理想社会。

下篇　德经

三十八章　砭时：上德无为

上德不德①，是以有德；下德不失德②，是以无德③。上德无为而无以为④，下德无为而有以为⑤。上仁为之而无以为，上义为之而有以为。上礼为之而莫之应，则攘臂而扔⑥之。故失道而后德，失德而后仁，失仁而后义，失义而后礼。夫礼者，忠信之薄⑦，而乱之首⑧。前识者⑨，道之华⑩，而愚之始。是以大丈夫处其厚，不居其薄；处其实，不居其华。故去彼取此。

注释　①上德不德：推崇本性的人不刻意修德。上，推崇、崇尚。②下德不失德：贬抑本性的人不忽略修德。③无德：失掉了本性。④无以为：无意作为，无所企图。⑤有以为：有意作为，有所企图。⑥攘臂、扔：攘臂，伸出手臂。扔，意为强力牵引。⑦薄：不足，衰薄。⑧首：开始，开端。⑨前识者：先知先觉、有先见之明的人。⑩华：虚华，浮华。

译文　达到了高尚境界的"德"的人，不表现在形式上的有"德"，因此实际上是有"德"的人；达到了低层次的"德"的人，表现在形式上的有"德"，从而实际上是没有"德"的人。达到了高尚境界的"德"的人顺应自然而无所作为；达到了低层次的"德"的人顺其自然而无所不为。达到了高层次的"仁"的人有所作为是为了表现"仁"；达到了高层次的"义"的人有所作为是为了表现"义"。达到了高层次的"礼"的人有所作为因无人响应他，于是就捋起袖子，扬起胳膊强迫他人按"礼"行事。所以，失去了"道"之后才有了"德"，失去了"德"之后才有了"仁"，失去了"仁"之后才有了"义"，失去了"义"之后才有了"礼"。"礼"这个东西，既是忠、信不足的演化，又是邪乱的开端。所谓"先知先觉"，只不过是"道"的虚华而不现实的表现。正基于此，就产生了愚昧。所以，大丈夫立身处事要敦厚而不浅薄，内心要朴实而不虚华。所以他会舍弃浅薄、虚华而取用敦厚、朴实。

名家解老 河上公：礼者，贱质而贵文，故正直日以少，邪乱日以生。大丈夫，谓得道之君也。处其厚者，处身于敦朴。不处身违道，为世烦乱也。

王弼：凡不能无为而为之者，皆下德也，仁义礼节是也。舍己任物，则无为而泰；守夫素朴，则不顺典制。听彼所获，弃此所守；识道之华，而愚之首。

明太祖：周给万物不自矜，听其自然，所以有德。德小而量薄，张其自己之能，反为无德。上德措事已定，别无可为，亦不尚巧，即是无以为。下德尚巧也，即有以为，将为德坏。

经典赏析 "无为而无不为"是道的本质表现，也是最高政治原则。根据这一原则，老子将人分为上德、下德、上仁、上义、上礼等不同层次。

《道德经》的上篇，老子说了"孔德"（二十一章）、"常德"（二十八章），后面还将提及"玄德"（五十一章、六十五章），而孔德、常德、玄德就是本章老子所谓的"上德"。我们从政治角度去分析和理解"上德"，它不同于儒家的"德政"。老子批判儒家的"德政"不顾客观实际情况，仅凭人的主观意志加以推行，这不是"上德"，而是"下德"。老子的"上德"是"无以为""无为"，它不脱离客观的自然规律，施政者没有功利的意图，不单凭主观意愿办事，这样做的结果当然是无为而无不为，即把道的精神充分体现在人间，所以又是"有德"。但"下德"是"有以为"的"无为"，然而抱着功利的目的，凭着主观意志办事。

这一章，老子把政治分成了两个类型、五个层次。两个类型即"无为"和"有为"。道、德属于无为的类型；仁、义、礼属于有为的类型。五个层次是道、德、仁、义、礼，其中德和仁是最高标准，但德仅指"上德"而非"下德"。失道而后德，这是在无为的类型内部说的，失道则沦为下德，那就与上仁没两样了。失德而后仁，这是指离开了无为的类型才有了仁。仁已经是"有为""为之"了，所以"失仁而后义""失义而后礼"就是在有为的范围内所显示出来的不同层次。

三十九章 治国：一就是道

昔之得一①者——天得一以清，地得一以宁，神得一以灵，谷得一以盈，万物得一以生，侯王得一以为天下正②。其致之③也，天无以清，将恐裂；地无以宁，将恐废④；神无以灵，将恐歇⑤；谷无以盈，将恐竭⑥；万物无以生，将恐灭；侯王无以正，将恐蹶⑦。故贵以贱为本，高以下为基。是以侯王自称孤、寡、不毂，此非以贱为本邪？非乎？故至誉无誉⑧。是故不欲琭琭⑨如玉，珞珞⑩如石。

注释 ①一：即"道"。②正：首领。③其致之：推而言之。④废：荒废，此处意为崩塌。⑤歇：绝灭、停止，此处指耗尽精力。⑥竭：干涸，枯竭。⑦蹶：跌倒、挫折，此处指垮台。⑧至誉无誉：最高的荣誉是无须称誉赞美的。⑨琭琭（lù）：形容玉的华美。⑩珞珞（luò）：形容石块的坚硬、粗糙。

译文 从古至今获得"道"的：天获得了道就会清明；地获得了道就会安宁；神获得了道就会灵验；河谷获得了道就会盈满；万物获得了道就会生长；侯王获得了道就会成为天下的首长。由此推断：天离开了道就不能清明，最后恐怕要崩裂；地离开了道就不能安宁，最后恐怕要震毁；神离开了道就不能灵验，最后恐怕要灭绝；河谷离开了道就不会盈满，最后恐怕要涸竭；万物离开了道就不能生长，最后恐怕要消失；侯王离开了道就不能保持尊贵的地位，最后恐怕要垮台。尊贵就要以卑贱为根本，高就要以下为基础。因此侯王自称"孤""寡""不穀"。这不就是以卑贱为根本吗？难道不是的吗？所以最高尚的荣誉不必去称赞它。因此，获得了道的人不愿像美玉那样尊贵，宁可像岩石那样丑陋。

名家解老 河上公：必欲尊贵，当以薄贱为本，若禹稷躬稼，舜陶河滨，周公下白屋也。言必欲尊贵，当以下为本基，犹筑墙造功，因卑成高。下不坚固，后必倾危。

王弼：昔，始也。一，数之始而物之极也。各是一物之生，所以为主也。物皆各得此一以成，既成而舍以居成，居成则失其母，故皆裂废歇竭灭蹶也。

明太祖：为仁人君子者，务尚谦卑为吉，所以又云王称孤寡不穀，此三字俗呼，皆微小无德之名，王臣乃称之，言其不自高也。小人夸己，可乎？

经典赏析 在本章里，老子连续多次使用了"一"字，它的含义极为深刻。"一"就是"道"的代称。对此，杨兴顺先生认为，"一切在流动着，一切在变化着，但老子认为，变化的基础是统一而不是矛盾的斗争。'天得一以清'……老子揭露了客观世界的矛盾，企图削弱矛盾，遏阻矛盾的尖锐化，为着这一目的，他把统一看成万物的基础而把它绝对化了"（引自《中国古代哲学家老子及其学说》）。实际上，老子认为宇宙的本原只有一个，宇宙的总规律也只有一个，因而他突出"一"，即宇宙起源的一元论，而且是物质的。在自然界的万事万物中，老子列举了许多相互矛盾的对立面，并认为对立物相互依存、相互转化，最后归于统一。所以，他一再使用"一"也表明他认为矛盾和对立总要归于统一。

　　就人类社会而言，老子也强调统一，认为侯王注重了唯一的"道"，才能使天下有个准绳。这个准绳就是"贵以贱为本，高以下为基"，侯王应该认识到"贱""下"是自己的根基。因此，有道的人也就无须光华如玉，只要质朴一点就行了。

四十章　论道：反者道之动

反者^①，道之动；弱者^②，道之用。天下万物生于"有"^③，"有"生于"无"^④。

注释　①反者：返回，循环。一说为相反、对立面。②弱者：柔弱，渺小。③有：道的有形质，指现实世界的形下之道。④无：道的无形质，指超现实世界的形上之道。

译文　循环往复的运动总是要向相反的方面转化，这是"道"的运动。柔弱无为，感觉不出力量，这是"道"的作用。天下的万物产生于看得见的具体的有形之物，具体的有形之物又产生于看不见的无形之物。

名家解老　河上公：柔弱者，道之所常用，故能长久。天地神明，蜎飞蠕动，皆从道生。道无形，故言生于无。此言本胜于华，弱胜于强，谦虚胜盈满也。

王弼：高以下为基，贵以贱为本，有以无为用，此其反也。动皆知其所无，则物通矣。故曰反者道之动也。有之所始，以无为本。将欲全有，必反于无也。

明太祖：道行则被万物，物足用而道归我。反也其动字，既归又将动也。世间万物既有生，即有灭，理道自然，天地之纲纪也。所谓生于有，有生于无是也。

经典赏析 这一章，我们可以把它作为老子"道"的总纲。道，即为无，无产生有，有衍化为天地万物。

"反者道之动"，历来学者有两种解释：一种说，矛盾着的对立物各自向着自己的对立面转化；另一种说，事物运动变化的规律是循环往复。

其实，这两种说法的意思是相同的。因为老子承认运动。承认运动循环往复、周而复始。然而它反映了老子认识上的不足。因为对立面的互相转化，必须在一定条件下才得以实现，不具备一定条件，是不能转化的。不经过任何努力，不管在任何情况下，都会发生转化，这就多少带有宿命论的色彩了。

"弱者道之用"，是说"道"在发挥作用的时候，用的是柔弱的方法，这不完全是消极的，同样也有积极的一面，道创造万物，并不使万物感到有什么强迫的力量，而是自然而然地发生和成长。用弱和用强，也就是"无为"和"有为"的区别。

"天下万物生于'有'，'有'生于'无'"，老子是把"有"与"无"当成相互对立的两个哲学范畴，"有"与"无"是道的属性，是道产生天地万物时由无形质转变到有形质的活动过程。

综上所述，本章虽才二十一个字，但言简意赅，它概括了老子"道"的基本内涵。

四十一章　论道：道隐无名

上士闻道，勤而行之；中士闻道，若存若亡；下士闻道，大笑之。——不笑，不足以为道。故建言①有之：明道若昧，进道若退，夷道若纇②。上德若谷，广德若不足，建德若偷③，质真若渝④。大白若辱⑤，大方无隅⑥，大器晚成，大音希声，大象无形，道隐无名。夫唯道，善贷⑦且成。

注释　①建言：立言。也有人认为是古书名。②夷、纇（lèi）：夷，平坦。纇，崎岖不平、坎坷曲折。③建德若偷：刚健的德好像怠惰的样子。偷，懒惰。④渝：变污。⑤辱：黑垢。⑥大方无隅：最方整的东西却没有角。隅，角落、墙角。⑦贷：施与、给予，引申为帮助、辅助。

译文　上等的士人听到了道的理论，则努力依它而行；中等的士人听到了道的理论，则半信半疑，感受到似有似无；下等的士人听到了道的理论，则哈哈大笑。道不被人嘲笑就不叫作道了（"道"深奥、玄妙，不是人人都能理解的）。所以古代立言的人这样说：明白易懂的道犹如暗昧，前进的道犹如后退，平坦的道犹如坎坷曲折。高尚的德犹如峡谷，广阔无边的德好像还有不足，刚健的德好像还有怠惰的样子，信实厚朴好像混浊不开化。最洁白的东西好像还有污垢，最方整的东西好像无棱角，最大的器物迟迟才能完成，最大的声音听起来好像无声无息，最高大的形象看起来好像无形无状，道盛大幽隐而无形状。只有"道"，才能使万事万物善始善终。

名家解老 河上公：上士闻道，自勤苦竭力而行之。中士闻道，治身以长存，治国以太平，欣然而存之。退见财色荣誉，惑于情欲，而复亡之也。下士贪狠多欲，见道柔弱，谓之恐惧；见道质朴，谓之鄙陋，故大笑之。

王弼：凡此诸善，皆是道之所成也。在象则为大象，而大象无形；在音则为大音，而大音希声。物以之成，而不见其成形，故隐而无名也。

明太祖：君子与小人论道，小人若迷途者，与行道难甚。道本先天地之气，人何见而不见，如善贷且成，当哉！失道之理，无所不益，万物赖此而生，岂不借资与人物焉？

经典赏析 所谓的"上士"，也就是高明的小奴隶主贵族，他们听了道努力去实行；"中士"，也就是平庸的贵族，他们听了道将信将疑；"下士"，也就是浅薄的贵族，他们听了道哈哈大笑。这里，上、中、下的概念不是就政治上的等级制度来说的，而是指其思想认识水平的高低。"道"的本质隐藏在现象后面，浅薄之士是无法看到的，所以不被嘲笑就不称其为"道"。

老子在文中引用的十二句"建言"，充分表述了道的特性，最后用一句话加以归纳：道是隐幽无名的。这十二句话，从有形与无形、存在与意识、自然与社会等各个领域的多种事物的本质和现象中，论证了矛盾的普遍性，揭示出辩证法的深刻内涵。

四十二章　论道：三生万物

　　道生一①，一生二②，二生三③，三生万物。万物负阴而抱阳，冲④气以为和。（人之所恶，唯孤、寡、不穀，而王公以为称。故物或损之而益，或益之而损。人之所教，我亦教之。强梁者不得其死，吾将以为教父⑤。）

　　注释　①一：道。意指道是绝对无偶的。②二：指阴阳二气。"道"所包含的两个对立的方面。③三：由阴阳二气交感激荡所产生的第三种事物。④冲：冲突，交融，交感。⑤教父：教育的根本或指导思想。

　　译文　道产生于一种混沌未开的统一的元气。道的本身就包含着阴气和阳气，阴气与阳气相交则形成一种合适的状态，万物就产生于这样的状态之中。万物又包含着阴阳两个相反的方面，并在阴气与阳气相互适合的情况下产生，并形成新的和谐之体。人们讨厌的就是"孤""寡""不穀"，而王公贵族却用这些词语来修饰自己。所以万事万物想要减损它反而使它获得利益，想要得益反而减损了它。他人是如此教导我的，我也就如此去教导他人。所以，过于强暴的人得不到好死，我将这一点作为施教的材料。

　　名家解老　河上公：强梁，谓不信玄妙，背叛道德，不从经教，尚势任力也。不得其死者，为天所绝，兵刃所伐，王法所杀，不得以寿命死也。

王弼：万物万形，其归一也。何由致一？由于无也。由无乃一，一可谓无。虽有万形，冲气一焉。百姓有心，异国殊风，而得一者，王侯主焉。以一为主，一何可舍？

明太祖：以阴趋阳之道，皆以卑以就能成也。君子之习道如是乎。更逾以上古国王所称孤寡不穀，此三字人人以为不贞之字，王者乃取名之，是谓谦也。

经典赏析 这里，老子表达了两段不同的主题。

一、二、三几个数字，它并非具体的事物或具体的数量，它是概数，仅表示"道"生万物从少到多、从简单到复杂的一个过程，它是老子"宇宙万物生成论"的代数式，它是"天下万物生于'有'，'有'生于'无'"（四十章）的又一表达方式。此处，老子否定了神的存在，从多元论的宇宙观发展为一元论的宇宙观，这是有重要意义的。

"人之所恶"这一段话，老子讲了柔弱退守是处世的最高原则，是生存之道。谦受益，满招损，已成为千古名言，这正是老子辩证法思想的表现。

四十三章　治国：不言之教

天下之至柔，驰骋①天下之至坚。无有入无间②。吾是以知无为之有益。不言之教，无为之益，天下希③及之。

注释 ①驰骋：奔驰，纵横自如。②无有入无间：无形的力量能够穿透没有间隙的东西。无有，指没有形质的东西、无形的力量。③希：稀少。

译文 天下最柔弱的东西，能够驰骋于天下最坚硬的东西之中。这是因为虚空无形的力量能够进入没有空隙的东西里面。我由此知道无为的利益。无须用言语教导，无须讲解无为的益处，普天之下没有什么东西能赶得上它。

名家解老 河上公：至柔者水，至坚者金石。水能贯坚入刚，无所不通。道无形质，故能出入无间，通神群生也。吾见道无为，而万物自化成，是以知无为之有益于人也。

王弼：气无所不入，水无所不出于经。虚无柔弱，无所不通，无有不可穷，至柔不可折，以此推之，故知无为之有益也。

明太祖：无为之益，是不作为而有益。非不作为，大理无时而不运，言君子欲措安，无时不务道，虽不言，意已成矣。发则中节，如四序之交，时至而应物也。

经典赏析 这一章，老子由至柔攻至坚、柔弱胜刚强的自然之理，推衍出了"无为之有益"的原则。

老子认为，"柔弱"是万物具有生命力的表现，也是真正有力量的象征。"柔弱"是"道"的基本表现和作用，它实际上已不拘泥于与"刚强"相对立的狭义，它已成为《道德经》中概括一切从属的、次要方面的哲学概念。老子并不是一味要人"守柔""不争"，而是认为"天下之至柔，驰骋天下之至坚"，也就是柔弱可以战胜刚强。这是深刻的辩证法的智慧。因此，发现了"柔弱"方面的意义是老子的重大贡献。

此外，在上篇第二章里，老子说的"圣人处无为之事，行不言之教"，与本章的意义相近。

四十四章　养生：知足不辱

名与身①孰亲？身与货②孰多③？得与亡④孰病⑤？甚⑥爱必大费⑦，多藏必厚⑧亡。故知足不辱，知止不殆，可以长久。

注释 ①名与身：名誉和身体。②货：财富。③多：重视。④得与亡：获得与丧失。⑤病：有害。⑥甚：过于，过分，过度。⑦费：耗费。⑧厚：重大，巨大，惨重。

译文 名誉与生命相比较哪一个更亲近？生命与财产相比较哪一个更贵重？得与失相比较哪一个更有害？过分吝惜必然会付出更大的代价，过于积藏财富必然导致更加惨重的损失。所以知足就不会招致屈辱，知道适可而止就不会遇上危险，就能够保持永久的平安。

名家解老 河上公：甚爱色，费精神；甚爱财，遇祸患。所爱者少，所亡者多，故言大费。生多藏于府库，死多藏于丘墓。生有攻劫之忧，死有掘冢探柩之患。

王弼：尚名好高，其身必疏。贪货无厌，其身必少。甚爱不与物通，多藏不与物散。求之者多，攻之者众，为物所病，故大费厚亡也。

明太祖：其非理之名易夺，货藏多而必恃，故厚亡。君子守有命之名，藏合得之物，是谓知足不辱，知止不危，可以长久，云永不坏也。

关于本章，有学者解释说，它主要是谈吝惜生命与提倡奋不顾身是格格不入的两种生命观。而实际上，吝惜生命并非贪生怕死，老子是就宠辱荣患和虚名货利而言的，劝人不要贪图虚荣和名利，要珍惜自身的价值与尊严，不可自贱其身。

"知足不辱，知止不殆"，是老子处世为人的精辟见解和高度概括。所谓"知足"，也就是说任何事物都有自己的发展极限，超出此限，则事物必然向它的反面发展。因而，每个人都应对自己的言行举止有清醒的正确的认识，凡事不可求全。老子希望世人，尤其是手中握有权柄的人，对财富的占有欲要适可而止，要知足，这样才可以做到"不辱"，才可以保持永久的平安。

四十五章　修身：清静无为

　　大成①若缺，其用不弊②。大盈若冲③，其用不穷。大直若屈④，大巧若拙，大辩若讷⑤。静胜躁，寒胜热。清静为天下正⑥。

　　注释　①大成：最完美之物，极大的成就。②弊：衰竭。③冲：虚，空虚。④屈：曲。⑤讷（nè）：笨嘴拙舌。⑥正：准则。

　　译文　极其完美的东西好像还残缺不全，但它的作用是不会衰竭的；极其盈满的东西好像空虚无物，但它的作用是无穷无尽的。极其正直的东西好像还有弯曲，极其灵巧的东西好像很笨拙；极其卓越的辩才好像不会言辞。清静可以克制急躁，寒冷可以克制炎热。深知清静"无为"，才能做天下的统治者。

　　名家解老　河上公：大直，谓修道法度，正直如一也。如屈者，不与俗人争，如可屈折。大巧，谓多才术也。如拙者，亦不敢见其能。大辩者，智无疑；如讷者，口无辞。

　　王弼：随物而成，不为一象，故若缺也。大盈充足，随物而与，无所爱矜，故若冲也。

　　明太祖：清静为天下正，此言理道之守甚严，谓君天下者既措安之后，当坚守其定规，勿妄为。妄为，或改前人之理道是也。改则乱，不改则天下平，是谓正。

经典赏析 老子认为有道之士，应当深藏不露，清静无为。如此，才可以统治天下。

任继愈先生在《老子新译》中说："这一章讲的是辩证法思想。老子认为有些事物表面看来是一种情况，实际上却又是一种情况。表面情况和实际情况有时完全相反。在政治上不要有为，只有贯彻了'无为'的原则，才能取得成功。"任继愈先生的这一观点很有见地。老子正是运用辩证法去认识事物、认识人。

这一章从内容上和行文结构上都可以说是四十一章的继续。四十一章主要论述的是道，这一章主要论述的是人格形态。在老子看来，大成、大盈的人若缺、若冲。什么是大成？对它的理解有两种：一是"最圆满的东西"，一是"获得极大成就或成功"。何谓"大成若缺"？我们可以理解为：一个获得极大成就的人要表现得有所欠缺。为什么要表现得有所欠缺呢？这不是人为地让其欠缺，而是他自身要保持欠缺，这是他自身的需要，因为这样他才能保持自己的成就，使发挥出来的作用永不衰退。这和老子上一章所主张的"知足不辱，知止不殆"有着相同的渊源。这里的"有所欠缺"指什么呢？指做事留有余地。做事留有余地的好处是不但能够使自己进退自如，而且能使自己开创的事业得以源源不断地发展下去。

四十五章 修身：清静无为

四十六章　养生：知足常乐

天下有道，却①走马以粪②；天下无道，戎马③生于郊④。祸莫大于不知足，咎莫大于欲得。故知足之足⑤，常足矣。

注释　①却：屏去，退回。②走马以粪：用战马耕种田地。粪，耕种、播种。③戎马：战马。④生于郊：指雌性战马在郊野生马驹。⑤知足之足：知道满足，并以此为满足。

译文　天下符合于"道"，就会是太平安稳的局面，就可以将战马用来耕种田地；天下背离了"道"，由于战争不断，连怀胎的母马也被征用来作战，马驹子就生于战场附郊。极大的罪过莫过于不知足，极大的祸患莫过于贪得无厌的欲望。所以时时具备了满足之心的人，就永远是满足的。

名家解老　河上公：人主有道也。兵甲不用，却走马治农田。治身者却阳精，以粪其身。人主无道也。战伐不止，戎马生于郊境之上，久不还也。

王弼：天下有道，知足知止，无求于外，各修其内而已，故却走马以治田粪也。贪欲无厌，不修其内，各求于外，故戎马生于郊也。

明太祖：明君贤臣在位立纲陈纪，夷来蛮贵貊宾，天下无争，是谓有道。君好非仁之勇而尚强，及非理慕他人之宝，则戎马生焉。人君若能知足，则天下国家不乏用矣，何他求焉。

🐉 经典赏析 老子反对战争，尤其反对侵略战争。

对此，张松如先生在《老子校读》中说："本章前四句表示了反战思想。老子反对的当然是春秋列国各贵族领主集团间频繁的兼并战争和掠夺战争。尽管有人指出说，这些战争，从其主流说，也有一定的进步趋势；但是对人民说来，特别是对从事农业生产的广大劳动人民群众说来，不可避免地要带来种种惨祸、暴行、灾难的痛苦。这是可以想见的。老子反对这些战争岂不是理所当然的吗？顺便说一句，有人曾说，老子是兵家。可是从古以来，哪里会有反战的兵家呢？在这里，老子认为战争是由于封建统治者不知足、贪心重所引起的，只要是能知足，满足于现状，不贪求什么，就不会发生战争。'知足之足，常足矣'，这是一种唯心史观。至于'寡欲''知足'的提出，对当时封建贵族领主集团的无厌欲求，无异于是一个强烈的抗议。"

张松如先生的观点很是中肯。因为战争的起因常常是一方野心勃勃、攻城略地、吞并邻国、骚扰百姓。

老子在这一章向当时的当政者提出了警告：为政不可无厌贪求，切记清静无为之戒条。

四十六章 养生：知足常乐

—— 四十七章　修身：反观内省 ——

不出户，知天下；不窥牖①，见天道②。其出弥远，其知弥少。是以圣人不行而知，不见而明③，不为而成。

注释 ①牖（yǒu）：窗户。②天道：天地自然的运动规律。③明：明白，明察秋毫。

译文 足不出户，却能推算了解天下的事情；不抬头看窗外，却能推算了解日月星辰运行的自然规律。如果出门跑得越远，所懂得的道理就越少。因此，深刻地懂得"道"的人，不出门户就能知道天下的事情，不抬头看窗外就能推演出宇宙中的自然规律，不胡作非为就能有所成就。

名家解老 河上公：圣人不出户以知天下者，以己身知人身，以己家知人家，所以见天下也。天道与人道同，天人相通，精气相贯。人君清净，天气自正；人君多欲，天气烦浊。吉凶利害，皆由于己。

王弼：无在于一而求之于众也，道视之不可见，听之不可闻，搏之不可得，如其知之，不须出户，若其不知，出愈远愈迷也。得物之致，故虽不行而虑可知也。识物之宗，故虽不见，而是非之理可得而名也。

明太祖：不为而成者，谓道虑备，恩及万物，即至不见其物，能知其名，所以哲。所以能成者，恩既施而物自化也。《书》不云乎：元首明哉，股肱良哉。圣人之心，其为道也，异乎？

经典赏析 有许多批判老子的认识论是彻头彻尾唯心主义先验论的论著，其往往依据的就是本章老子说的"不出户，知天下"。这是误解。我们应当知道，老子是一位博学多识的人，他有丰富的生活实践经验。《道德经》前面几章中，有许多描述的是社会生活和自然界的内容，这些都表明了老子极为重视生活实践。尤为重要的是，老子是极富智慧的人，是天才的哲人。他认为，许多事情并非只有经过本人的实践才能认识，那是不可能的。因此要重视理性认识、间接知识。"不出户""不窥牖"这类极而言之的强调手法，从古到今都是普遍应用的。因而，我们研究老子，研究《道德经》，应该深入体会其中蕴含着的真实观点，不可望文生义，更不可做片面的理解。同时，还须坚持历史唯物主义的思想方法。这样做，才符合老子的原意。

四十八章　治国：无为无不为

为学日益①，为道日损②。损之又损，以至于无为。无为而无不为。取③天下常以无事④，及其有事⑤，不足以取天下。

注释　①为学日益：探求外物的知识，日求增益。②为道日损：领悟天地自然大道，日求消减个人的世俗偏见和各种欲望。③取：治理之意。④无事：不妄为，无扰攘之事。⑤有事：执着于有所作为，骚扰民生。

译文　追求政教礼乐这类学问就会一天比一天增多情欲和巧伪，追求对"道"的体悟，就会一天比一天减损情欲和巧伪。减损又减损，最后达到"无为"的境界。如果不妄为，那么任何事情都会有所作为了。作为治理国家的统治者，要以不惊扰百姓作为治国的根本，如果以苛政来惊扰百姓，那么这个统治者就不可能治理得好天下。

名家解老　河上公：日益者，情欲文饰，日以益多。日损者，情欲文饰，日以消损。损之，损情欲也。又损之，所以渐去之也。情欲断绝，德与道合，则无所不施，无所不为也。治天下常当以无事，不当烦劳也。及其好有事，则政教烦，民不安，故不足以治天下也。

王弼：有为则有所失，故无为乃无所不为也。

明太祖：圣人不言暴取他人天下，言人君能安己平天下，即是善取天下是也。如不能安天下者，诸事擅兴，民疲乏用，盗贼蜂起，豪杰生焉，时乃整兵欲平之，可乎？未必也。

经典赏析 老子论述的仍然是他任其自然，无为而无不为的思想。

在中国古代，主张无为的学者远非老子一人，在《论语》中，孔子曾说："无为而治者，其舜也与！夫何为哉？恭己正南面而已矣。"这句话就是说，自己不做什么事情而使得天下太平的人，恐怕只有虞舜了。他做了什么呢？他只是庄重端坐在他的王位上而已。

表面看来，"无为"似乎是一种倒退，但真正的目的则在于避开前进中所存在的矛盾和问题，从而占据主动，以达到"无不为"的最终目的。

关于本章的"日益""日损"的范畴，张松如先生在《老子校读》中说道："'为学者日益，为道者日损'，并不是老子的一种什么神秘的、蒙昧的反理性的主张，而是一定发展中的历史现象在观念形态上的客观反映。""本章正是从认识论和方法论上，概括了对"礼"所做的探源与批判，而且是具有相当深刻性的。""在这剖析过程中，由于受着不得突破的阶级的和历史的局限，在所推导的结论中，还带有一定程度的复古主义色彩，显示了骸骨迷恋的情绪，而不曾投射出向前看的目光。然而，这并不能掩盖它有关'学'与'道'，有关'日益'和'日损'的辩证思维的光辉。"这番见解可谓至论。

四十九章 治国：圣人无心

　　圣人常无心①，以百姓心为心。善者，吾善之；不善者，吾亦善之，德②善。信者，吾信之；不信者，吾亦信之，德信。圣人在天下，歙歙焉③，为天下浑其心④。百姓皆注其耳目⑤，圣人皆孩之⑥。

注释 ①无心：没有意念。心，意念、意愿。②德：就"德"之"本性"意，可引申为本性展现出善（德善）、本性展现出信（德信）。③歙歙：意为吸气，此处指收敛欲念。④浑其心：使人心思化归于浑朴。⑤百姓皆注其耳目：百姓都专注于使用自己的感官、聪明、智巧。⑥圣人皆孩之：圣人使百姓都回复到婴孩般纯真质朴的状态。

译文 圣人永远没有自己固定的心愿，而将百姓的心愿作为自己的心愿。对于善良的人，我善待他；对于不善良的人，我也善待他。这样做人人都向往善，从而就得到了善。对于守信用的人，我以信任待他；对于不守信用的人，我也以信任待他。这样就使人人都守信用，从而使天下都守信用。有道的圣人处在统治地位上，收敛自己的欲望，浑厚而博大，使天下人的思想都归依于厚朴。百姓都对他注目、倾听，有道的圣人使百姓都回复到人的幼小时那般纯真质朴的状态。

名家解老 河上公：圣人重改更，贵因循，若自无心。百姓心之所便，因而从之。百姓虽有不善者，圣人化之使善也。百姓为不信，圣人化之使信也。

王弼：夫以明察物，物亦竞以其明应之，以不信察物，物亦竞以其不信应之。夫天下之心，不必同其所应，不敢异则莫肯用其情矣。无所察焉，百姓何避，无所求焉，百姓何应，无避无应，则莫不用其情矣。皆使和而无欲，如婴儿也。

明太祖：听其美污之声，目乃观其善恶，所以圣人观其所以，不欲身民如是，务秉之以道，常以心似乎小儿之无知，特守无为之道，故天下安。

经典赏析 "圣人常无心，以百姓心为心。"这里提出的"常无心"是恒心，恒心是人类中个别人所拥有的一种持久不懈的生命意志力的具体表现，是一种由知识所引发出来的磅礴欲望。按照现代的一般说法，就是进取心或上进心。这种心理伴随着时代演进的脚步而日益渗透到人生中的各个阶段和各个领域。

"圣人"是老子理想中的统治者，他善待百姓，信任百姓，从而也得到百姓的善待和信任。他治理国家，常常表现出浑厚质朴的特征，对于注目而视、倾耳而听，各用聪明才智甚至机心巧诈的百姓，他也要使他们回归到婴儿般无知无欲的纯真状态。对于老子的这种思想，张松如先生在《老子校读》中说："老子是站在什么立场来说话？岂不显然是站在封建统治者的立场吗？不是的，这道理我们已经一再指出过了，他是作为农业小生产者即小农阶层愿望的表达者来发言的。"可见，老子对于社会的巩固发展、民众的安居乐业是一种殚精竭虑的精神迸发。

115 四十九章 治国：圣人无心

五十章　养生：少私寡欲

出生入死①。生之徒②，十有三③；死之徒，十有三；人之生，动之于死地④，亦十有三。夫何故？以其生生之厚⑤。盖闻善摄生⑥者，陆行不避兕⑦虎，入军不被甲兵；兕无所投其角，虎无所用其爪，兵无所容其刃。夫何故？以其无死地⑧。

注释　①出生入死：出世而生，入地而死。另一种解释是，离开了生存必然走向死亡。②徒：类。③十有三：十分之三。④人之生，动之于死地：人本来可以活得长久些，却意外地走向死亡。⑤生生之厚：由于求长生的欲望太强，而营养过剩、奉养过厚。⑥摄生：指养生之道，亦即保养自己的生命。⑦兕（sì）：犀牛一类的动物。⑧死地：致命的要害。

译文　人出世为"生"，入地为"死"。人生之路属于长寿的占十分之三；属于短命而死的占十分之三；人本来可以长寿却意外死亡的也占了十分之三。这是什么原因呢？这是因为求生的欲望太强、养生过度。听说善于保养自己生命的人在山路上行走，不会碰到凶恶的犀牛与老虎，在战场上也受不到武器的伤害。犀牛在他的身上没地方撞击它的角，老虎在他的身上也没地方使用它的爪子，兵器在他的身上没地方刺入。这是什么原因呢？这是因为他还没有进入死亡的领域。

河上公：言死生之类各有十三，谓九窍四关也。其生也，目不妄视，耳不妄听，鼻不妄臭，口不妄言味，手不妄持，足不妄行，精不妄施。其死反是。

王弼：十有三，犹云十分有三分，取其生道，全生之极，十分有三耳。取死之道，全死之极，亦十分有三耳。而民生生之厚，更之无生之地焉，善摄生者无以生为生，故无死地也。

明太祖：天道好还，如小人务尚奸邪，动辄致人于死地，所以好还者，彼虽避凶虎而入凶虎中，彼虽远兵甲，而由兵甲而死。其还也如是，其得也必然，此皆动之死地耳。

针对本章老子所说的，任继愈先生在《老子新译》中写道："老子看来，这个世界到处埋伏着危险，生命随时受到威胁。他主张处处小心，不要进入危险范围，只有无所作为，才最安全，最足以保全性命。"

春秋末年，各诸侯国之间战争频繁，老子在这乱世之中，看到人生危机四伏，生命安全随时随地受到威胁，所以他不主张靠战争、掠夺来保护自己，不要以奢侈的生活方式来营养自己，应当清静无为，恪守于"道"的原则。一个人不肆意妄为，不伤害别人，别人也就无法找到对他下手的机会，如此就可以排除造成人们寿命短暂的人为因素。所以，老子劝说世人，希望人们能做到少私寡欲、怀素抱朴、顺任自然，方不自处于死地，而这些只有"善摄生者"才能做到。

五十一章　论道：道生万物

道生之，德畜之，物形之，势①成之。是以万物莫不尊道而贵德。道之尊，德之贵，夫莫之命而常自然②。故道生之，德畜之，长之育之，亭之毒之③，养之覆之。生而不有，为而不恃，长而不宰，是谓"玄德"④。

注释　①势：自然界的各种力量。②莫之命而常自然：无人命令而向来自然如此。另一种解释是，不干涉或主宰万物，而任万物自化自成。③亭之毒之：一本作"成之熟之"。④玄德：即上德，深厚之德，神奇之德。

译文　道生育了万事万物，德养育了万事万物。万事万物因此呈现出各式各样的自然形态，自然环境又促使万事万物成长。因此万事万物尊崇道又崇尚德。道受到尊崇，德受到崇尚，就在于道生育它们不加以干涉，德养育它们不加以主宰，随其自然而然。所以道生成它们，德滋养它们，使它们发展、成熟、结果，使它们受到培养、庇护。生长它们不据为己有，抚养它们不恃有功，引导它们不宰制，这就叫作深远玄奥的"上德"。

名家解老　河上公：道生万物，不有所取以为利也。道所施为，不恃望其报也。道长养万物，不宰割以为利也。道之所行，恩德玄暗，不可得见。

王弼：道者，物之所由也；德者，物之所得也。由之乃得，故不得不尊；失之则害，故不得不贵也。

明太祖：生之畜之长之育之成之熟之养之覆之，此言天经地式，即四时交泰之理道焉。以其细名之，春生夏长，秋收冬藏是也。君当使臣庶乐其乐而有其有，长其长而不自主，设官以理之，此玄德焉。

经典赏析 本章论述的是"道"以"无为"的方式生养了万物的学说，因而有学者指出："老子提出'夫莫之命而常自然'的见解，说明万物是在无为自然状态中生长的。'莫之命'，即孟子所说'莫之为而为者，天也'的意思。万物的生长，是顺应着客观存在的自然规律而生长的，各自适应着自己所处的具体环境而生长的，根本就不可能有所谓主持者加以安排，然后才能生长的。这一点，是老子反对鬼神术数的表现，反对有神论的表现。就万物的生长却需要依据着客观自然界存在的规律来说，老子称之为'道生之'。就客观自然界存在的规律具体运用于物的生长说来，老子称之为'德畜之'。万物的生长，既然必须依据自然界的规律，而为自然界的规律的具体运用，所以'万物莫不尊道而贵德'。但万物的尊道贵德，也仅为对自然界的规律的依据与运用，不是另有什么主宰者加以命令与安排的，这种现象，老子认为是无为自然的状态，所以说'夫莫之命而常自然'。"

对上述观点，我们表示赞成，因为道创造万事万物，并不含有什么主观的意识，也不具有任何目的，而且不占有、不主宰，整个过程完全是自然而然的，万事万物的生长、发育、繁衍，完全是处于自然状态下。这就是"道"在作用于人类社会时所体现的"德"的特有精神。

五十二章　修身：知母知子

天下有始①，以为天下母②。既得其母，以知其子③；既知其子，复守其母，没身不殆。塞其兑，闭其门④，终身不勤⑤；开其兑，济其事⑥，终身不救。见小曰"明"⑦，守柔曰"强"⑧。用其光，复归其明⑨，无遗身殃，是为"袭常"。

注释　①始：本始，开端。②母：母体，根源。这里指"道"。③子：孩子，派生物。这里指由"母"所生的万事万物。④塞其兑，闭其门：堵塞嗜欲的孔穴，闭起欲念的门径。兑，指口，引申为孔穴。门，门径。⑤勤：劳作。⑥开其兑，济其事：打开嗜欲的孔穴，去操持世事。⑦见小曰"明"：能察见细微，叫作"明"。小，细微。⑧强：强健，自强不息。⑨用其光，复归其明：光向外照射，明向内透亮。发光体本身为"明"，照向外物为光。

译文　天地间的万物都有一个开端，这个开端就是万物的本源。既然得知它的本源，就能够识别万物；既然识别了万事万物，又把持着它们的本源，那么终身都不会遇到危险。堵塞欲念的耳鼻口目，闭上感官的门径，终身没有忧愁之事；如果开启欲念的感官大门，就会增加永无了结的忧愁事件，终身不能治理。观察细微才叫"明"，持守柔弱才叫"强"。运用"道"的玄奥所发出的光芒，返照到万物内在的"明"，不为自己带来麻烦和灾祸，这就叫作永恒不变的常道。

河上公：始，有道也。道为天下万物之母。门，口也，使口不妄言。人当塞目不妄视，闭口不妄言，则终身不勤苦。内视存神，不为漏失。人能行此，是谓习修常道。

王弼：善始之则善养畜之矣，故天下有始则可以为天下母矣。母，本也。子，末也。得本以知末，不舍本以逐末也。

明太祖：又云见小曰明，守柔曰强，盖谓自己本有所见，犹恐不广，却乃所见甚大，我所守持者甚软，将久胜强。言至谦下当得上上，是谓见小曰明，守柔曰强是也。

所谓的"母"，就是道；所谓的"子"，就是天下万物。

关于"母""子"的关系，张松如先生认为："所谓'既得其母，以知其子；既知其子，复守其母'，正是把概念形成的理论证明当作对具体事物认识的方法了。西周以来，中国已经产生了例如五行说那样原始、自发的唯物论。当老子第一次试图把那种元素化的'物理性形式'推进到更高阶段的理论性的形式时，他的理论形式的唯物主义思想，也因受到了历史与科学条件的限制而表现出某种不成熟性。这种不成熟性，反映到更为复杂的认识论领域中来，就很容易带上一种以'道'观物的特点。这是老子在认识上失足落水的一个重要原因。"

可以说，"知母""知子"的观点是老子哲学思想的精华之一，它不仅在春秋末年甚至以后相当长的一段时期内，其思想水平是许多哲学家所不及的。

此外，本章"塞其兑，闭其门"以下是对文中的"守其母"的阐释，表明人需要塞兑闭门、无知无欲、蔽其光明，唯有持守柔弱，方不致遭受祸殃。

五十三章　砭时：世风日下

使我①介然②有知，行于大道，唯施③是畏。大道甚夷④，而人好径⑤。朝甚除⑥，田甚芜，仓甚虚。服文彩，带利剑，厌饮食，财货有余，是为盗夸⑦。非道也哉！

注释　①我：指有道之士。②介然：坚固，确实。另一种解释是，微小的样子。③施（yí）：同"迤"，邪路。④夷：平坦。⑤径：斜径、小径，引申为邪曲小路。⑥除：腐败之意。⑦盗夸：一本作"盗竽"，指大盗、盗魁。

译文　假若我的确有些智慧的话，就行走在大道上，唯恐自己走上邪路。大道平坦宽阔，但人们却喜欢走崎岖的邪路。朝政极端败坏，农田到处荒芜，国库极其虚空。而王公贵族还穿着华丽的服装，佩带着锋利的宝剑，饮食终日精美无比，搜刮占有的财物丰富有余，这些人才是强盗头子。他们走的不是正"道"呀！

名家解老　河上公：使我介然有知于政事，我则行于大道，躬无为之化。独畏有所施为，失道意。欲赏善，恐伪善生；欲信忠，恐诈忠起。

王弼：凡物不以其道得之则皆邪也，邪则盗也。夸而不以其道得之，窃位也，故举非道以明非道，则皆盗夸也。

明太祖：有等非君子者，不知务本，朝扫堂上尘甚勤，其禾苗郊间尽荒。又一等非君子，仓库甚无粮物，却乃遍身衣锦绣。又等非良民者，持刃以食羊羔，多积货财。以上比云无他，皆言人不务大道，而务非理，惜哉！

经典赏析 老子在本章里无情地揭露了贪婪的统治者肆意掠夺、奢侈无度的行径，这种行为致使土地荒芜、国库空虚，其国穷民困的状况自然可以想见，因而老子斥责他们是"盗夸"，愤恨之情溢于言表。

站在人民群众的立场上，从社会稳定与发展的角度，抨击当政的暴君为"盗夸"，这是从老子开始到庄子的道家最为可贵的重要观点。

在老子生活的春秋晚期，中原地区是经济最发达的地方。同时，这里也充满不祥和的气氛，富裕和贫困、美好和丑恶、自由和动乱、文明和野蛮，种种矛盾并存。虽然社会混乱，老子作为当时一名中级官吏，日子不可能窘迫到无米下锅的份儿上。老子在此试图以民众的苦来唤起统治者的觉悟。由此可见，老子对广大被统治者的深层了解和深切同情。

五十四章 修身：德泽乡邻

善建者不拔，善抱①者不脱，子孙以祭祀不辍②。修之于身，其德乃真；修之于家，其德乃余③；修之于乡，其德乃长；修之于邦，其德乃丰；修之于天下，其德乃普。故以身观身，以家观家，以乡观乡，以邦观邦，以天下观天下。吾何以知天下之然哉？以此。

注释 ①抱：抱持，固定，牢固。②子孙以祭祀不辍（chuò）：子子孙孙若能遵守"善建""善抱"之道，则后世的香火就不会断绝。③余：富余。

译文 善于建树的人不能拔出，善于抱持的人不会脱离。若子孙都能遵守这个道理，后代的香火就不会断绝。用"道"来修身，他的"德"行就会纯真；用"道"来治家，他的"德"行就会丰厚；用"道"来治乡，他的"德"行就会受到尊崇；用"道"来治国，他的"德"行就会昌盛；用"道"来治理天下，他的"德"行就会博大。所以，依照"德"来观察自身，依照"德"来观察家庭，依照"德"来观察乡里，依照"德"来观察国家，依照"道""德"来观察整个天下。我依靠什么来知晓天下的情况会这样呢？就是用上面所述说的方法。

名家解老 河上公：善以道立身立国者，不可得引而拔也。善以道抱精神者，终不可拔引解脱。为人子孙能修道如是，长生不死，世世以久，祭祀先祖宗庙无绝时。

王弼：固其根而后营其末，故不拔也。不贪于多，齐其所能，故不脱也。子孙传此道以祭祀则不辍也。以身及人也，修之身则真，修之家则有余，修之不废，所施转大。

明太祖：五观者，大概不欲君天下者以身为身，而国为国是也。当以身为国，以国为身，终子孙不坏也，所以云天下之然哉以此。

经典赏析 儒家经典《礼记·大学》中说道："古之欲明明德于天下者，先治其国；欲治其国者，先齐其家；欲齐其家者，先修其身。""身修而后家齐，家齐而后国治，国治而后天下平。"这两段文字与本章老子所言"以身观身，以家观家，以乡观乡，以邦观邦，以天下观天下"，两者的意义大致相近，都是从一身讲到天下。

儒道两家在某些问题上相同，在有些问题上则不同。其相同之处在于，两家均认为为人立身处世的基础是修身。所谓的齐家、治国，道家认为应该是充实自我、修持自我之后的自然发展，而儒家则是有目的性地去执行。这就是儒道两家的不同点，亦即一为自然，一为自持。

五十五章　修身：心境和谐

含德之厚，比于赤子。毒虫不螫，猛兽不据①，攫鸟②不搏③。骨弱筋柔而握固，未知牝牡之合而脧作④，精之至也；终日号而不嗄⑤，和⑥之至也。知和曰常，知常曰明，益生曰祥，心使气曰强。物壮则老，谓之不道。不道早已。

注释　①据：猛兽用爪抓物。②攫（jué）鸟：用脚爪猎取食物的猛禽，如鹰、隼等。③搏：扑击。④脧（zuī）作：男性的生殖器勃起。脧，小男孩的生殖器。⑤嗄（shà）：嗓音嘶哑。⑥和：阴阳二气和合的状态。此处为极其和谐之意。

译文　道德涵养深厚的人，好比刚出生的婴儿。毒虫不螫咬他，猛兽不伤害他，凶鸟不搏击他。他的筋骨柔弱而拳头捏得很牢固。他虽不懂得公母交配之事，但他的小小生殖器却能勃起，这是因为精气充沛至极。他终日啼哭不止，而嗓音不会嘶哑，这是因为精气和谐至极。知道了和谐纯厚就叫作"常"；认识了"常"就叫作"明"。纵欲贪婪就要遇到灾祸，欲念支使精气就叫作逞强。万物过于壮盛就会走向衰老，这就叫作不符合于常规的"道"，不遵循常规的"道"就会早亡。

名家解老　河上公：心当专一和柔，而气实内，故形柔。而反使妄有所为，则和气去于中，故形体日以刚强也。万物壮极则枯老也。老不得道也。不得道者,早已死亡。

王弼:赤子无求无欲,不犯众物,故毒虫之物无犯之人也。含德之厚者,不犯于物,故无物以损其全也。含德之厚者,无物可以损其德,渝其真,柔弱不争而不摧折者,皆若此也。

明太祖:含德之厚,即养德也。比于赤子者,言初生小儿无知,天性未曾开之,故老子以此为首,发章之端。为何?不过教人持身行道如是而已。

经典赏析 老子说若把"德"蕴含在自己的身心里,而且存养得十分深厚,就犹如无知无欲的婴儿,毒虫猛兽等都不会去伤害他。随后,他又形象地说婴孩的生殖器勃起和大声哭喊,这是他精力旺盛和保持平和之气的结果。婴儿的特点是柔弱不争而精气未散,其核心还是"和"。

关于本章,车载先生在《论老子》中讲:老子书谈到"和"字,有三处应予重视,一为"和其光",一为"冲气以为和",一为"终日号而不嗄,和之至也"。它以"和光"与"冲气"与"婴儿"来说明"和",都是在谈统一,都是在谈"混成"的状态。"和光"就"复归其明"说,"和其光"是把两者统一起来,回复到"明"的"混成"的状态。"冲气"是万物的开端,万物含有负阴、抱阳的两方面,两者经常是统一的,表现出用之不盈无所不入的作用。婴儿是人的开端,少年、壮年、老年都以之为起点,但婴儿混沌无知,与天地之和合而为一。"和"所表示的统一,包含着对立在内,是有永恒性的,所以说"知和曰常"。车载的这番见解有一定的见地,与老子的原意比较吻合。

五十六章　治国：和光同尘

知者不言，言者不知①。塞其兑②，闭其门③，挫其锐，解其纷，和其光，同其尘，是谓"玄同"④。故不可得而亲，不可得而疏；不可得而利，不可得而害；不可得而贵，不可得而贱。故为天下贵。

注释　①知：明白，懂得。②兑：嗜欲的孔窍。③门：嗜欲的门径。④玄同：玄妙的大同境界，此处指"道"。

译文　明智的人讲话不多，高谈阔论的人不明智。堵住嗜欲的口鼻耳目，闭上感知的门径，挫去他们的锐气，解除他们的纷乱，调和它们的光耀，混同他们的尘垢，这就叫作玄妙深奥而与"道"相同。达到了这样境界的人，无法和他亲近，也无法与他疏远；无法使他受益，也无法使他受害；无法使他尊贵，也无法使他卑贱。所以，像这样的人就会受到天下人的尊重和崇尚。

名家解老　河上公：知者贵行，不贵言也。多言多患，驷不及舌。塞闭之者，欲绝其源。情欲有所锐为者，当念道无为以挫止之。纷，结恨不休也，当念道之淡薄以解释。

王弼：无所特显则物无所偏争也。无所特贱则物无所偏耻也。可得而亲，则可得而疏也。可得而利，则可德而害也。可得而贵，则可得而贱也。无物可以加之也。

明太祖：又六不字，盖言前数事皆是大人君子幽微之大道，人欲亲，不可见著。若欲疏，其形无。若欲得，其象不实。若欲害，则无体。若欲尊之，则无从。若欲贱之，则不得。

经典赏析 这一章，老子阐扬了修己待人的原则。在他看来，得"道"的圣人能够"挫锐""解纷""和光""同尘"，具备这些也就达到了"玄同"的最高境界。因而，老子要求人们要加强自我修养，排除私欲，不露锋芒，超脱纷争，混同尘世，不分亲疏、利害、贵贱，以开豁的心胸与无所偏的心境去对待一切人和物。

这一章，老子向我们展示了一个真正的智者形象。他绝不会夸夸其谈，以显示自己的高明和睿智。真正有知识、有智慧的人是不会随便高谈阔论的，他们常常保持缄默，不显山不露水，永远站在最低点仰视他人、俯瞰自己。他们是谦逊的，是随和的。老子说，只有毫无知识和头脑的人才会夸夸其谈，口无遮拦。这种人想通过侃侃而谈来显示自己的聪明才智，结果恰恰相反，这种随便谈论本身恰恰表明了他们的无知和愚笨。可是，他们根本无法意识到这一点。老子对这种人做了严厉的批判。老子站在现实的大环境里，批判的不仅仅是当时的统治者，对普通的世人也做了真诚的警示。

五十六章　治国：和光同尘

五十七章　治国：无事取天下

　　以正①治国，以奇②用兵，以无事取③天下。吾何以知其然哉？以此：天下多忌讳④，而民弥贫；人⑤多利器，国家滋昏；人多伎巧⑥，奇物滋起；法令滋彰，盗贼多有。故圣人云："我无为，而民自化；我好静，而民自正；我无事，而民自富；我无欲，而民自朴。"

　　注释　①正：正规，堂堂正正。也可理解为清静、无为之道。②奇：奇巧，诡秘。引申为奇谋诈略。③取：治理。④忌讳：禁忌，避讳。⑤人：一本作"民"，指人民、民众。⑥伎巧：技巧，智巧。

　　译文　用无为、清静的"道"来治理国家，用出奇诡秘的战术来用兵，用不损害百姓的方针来获得天下。我凭什么来知道这些情况呢？我的依据是：天下的忌讳愈多，老百姓就愈贫困；民间的器具愈多，国家就愈混乱；人们的伎俩愈多，歪风邪气的怪事就愈多；法令制度愈森严，盗贼就愈增多。所以有道的圣人说："我无为，人民自然就会潜移默化；我镇静，人民自然就会走上正道；我无所事事，人民自然就会富足；我无欲，人民自然就会质朴。"

名家解老 河上公：天使正身之人，使至有国也。天使诈伪之人，使用兵也。以无事无为之人，使取天下为之主。圣人言，我修道承天，无所改作，而民自化成。

王弼：立正欲以息邪，而奇兵用多；忌讳欲以耻贫，而民弥贫；利器欲以强国者也，而国愈昏多。皆舍本以治末，故以致此也。

明太祖：正谓端正，治国文实，奇非谲诈用兵，谓施仁德于外，及盈布于敌，使慕而效顺来归，则彼此不伤物命。善平祸乱，善安天下，即以奇用兵。奇，奇于布德也。

经典赏析 在三十章里，我们已说过，《道德经》不是兵书，但其中不排除有关于军事方面的内容，本章的"以奇用兵"，讲的就是军事问题。在老子的观念中，用兵是一种诡秘、奇诈的行为，因而在用兵时就要注意想奇法、设奇计、出奇谋，只有这样才能做到出奇制胜。这表明，老子的用兵之计与治国安邦迥然不同，即用兵要奇、治国要正。"以奇用兵"实际就是要变化莫测，神出鬼没。老子反对战争，但现实生活中，国与国之间的战争是不可避免的。所以，老子在《道德经》里就不能不提出自己的见解。这个"以奇用兵"，不是为昏君、暴君出谋划策，而是为弱者、为正义之师设想的。

关于"天下多忌讳"这一段文字，有学者认为，这是老子否定工艺技巧在日常生活中所起的作用，"坚决反对工艺技巧是道家经济思想的特点""只有道家才错误地把工艺看作是社会祸乱的根源""老子反对工艺技艺的这一观点，非常奇特，与战国各学派以及战国以后各封建时期的思想都迥然不同。这一观点本身不仅是消极落后，而且是反动的"。诚然，这种见解固有其理由，但仍有许多问题有待商榷，其实这段文字是老子对国计民生的具体思考。老子重视无为、质朴、勤俭，客观上讲，他并非笼统、绝对地反对工商，他反对的是统治者借工商积敛财货，过着奢侈豪华、纸醉金迷的糜烂生活，并非反对百姓求富，文中的"我无事，而民自富"就是一个重要的证据。若将老子反对工商的观点"一刀切"，只怕与老子的原意背道而驰，未免有望文生义之嫌。

五十八章　治国：守而不争

　　其政闷闷①，其民淳淳②；其政察察③，其民缺缺④。祸兮，福之所倚；福兮，祸之所伏。孰知其极？其无正⑤也。正复为奇，善复为妖⑥。人之迷，其日固久。是以圣人方而不割，廉⑦而不刿⑧，直而不肆，光而不耀。

注释　①闷闷：昏昏昧昧的状态，有宽厚之意。②淳淳：淳朴厚道。③察察：严厉，苛察。④缺缺：狡黠，抱怨，不满足。⑤正：确定的标准。⑥妖：邪恶。⑦廉：锐利，棱角分明。⑧刿（guì）：割伤。

译文　政治宽厚显明，人民就淳朴忠厚；政治苛酷黑暗，人民就抱怨、愤恨。灾祸里面蕴藏着幸福，幸福里面潜伏着灾祸。有谁能清楚灾祸与幸福的界限呢？这并没有确定的标准。正可以转化为邪，善可以转化为恶。人们迷惑于祸、福之门为时很久了。因此，圣人方正而不伤害万物，锐利而不损伤他人，直率而不过度，光明正大而不使人眼红。

名家解老　河上公：圣人行方正者，欲以率下，不以割截人也。圣人廉清，欲以化民，不以伤害人也。圣人虽直，曲己从人，不自申之也。圣人虽有独知之明，常如暗昧，不以耀乱人。

王弼：善治政者，无形无名，无事无政可举，闷闷然，卒至于大治，故曰其政闷闷也。其民无所争竞，宽大淳淳，故曰其民淳淳也。立刑名，明赏罚，以检奸伪，故曰察察也。殊类分析，民怀争竞，故曰其民缺缺也。

明太祖：故复云闷闷，言淳朴守无事，民俗实，君福也。亦言察察，谓苛政也。民多不足，此君之祸也。故圣人守正而不改，强不恃能。道行焉，道成焉，民安物阜。

经典赏析 这一章顺承上一章讲述圣明的统治者操纵国家政权的合理方式。老子说："其政闷闷，其民淳淳。"联系起来讲，就是统治者如果用自然无为的方式统治人民，人民就会摒弃妄为，回归于自然淳朴；人心自然淳朴，就不会生是非；没了是非，国家自然稳定太平。与此相反，统治者如果施行苛刻的政令，人民的承受能力一旦达到极限就难免会起来反抗，反抗的过程是心智的较量，人民不变得狡黠不足以应付统治者的盘剥，所以"其政察察，其民缺缺"。

老子所处的时代战乱频繁发生，人民生活在战争的阴云笼罩之下，担心、惊惧时刻伴随着人们。过着这样的日子，还有什么幸福可言呢？所以，老子将人民的不幸归结为社会的变迁。

老子在本章中提出了一个很重要的哲学命题："祸兮，福之所倚；福兮，祸之所伏。"意思是说，灾难和幸福是相依相随的，谁也无法单独存在于世。这就告诉我们，任何的幸福背后总是潜伏着灾祸，但灾祸并不是永远存在的，灾难的反面就是幸福。所以，我们要以平静的心态来面对灾难和幸福，做到"不以物喜，不以己悲"，这是人生的大境界。

五十九章　修身：留有余地

治人事天^①，莫若啬^②。夫唯啬，是谓早服^③；早服，谓之重积德^④；重积德，则无不克；无不克，则莫知其极；莫知其极，可以有国；有国之母^⑤，可以长久。是谓深根固柢，长生久视之道。

注释 ①治人事天：治人，治理百姓。事天，事奉上天，又有保养天赋、养护身心之意。②啬（sè）：吝惜，爱惜，保养。③早服：早做准备。④重积德：不断地积累禀赋。⑤母：根本原则。

译文 治理国家，养护身心，没有哪一种原则比保养精神更加重要的了。要保养好精神，就是说要早做准备；早做准备，就要多多积德；多多积德，就没有什么不能克服；没有什么不能克服，就有无法估量的力量；有无法估量的力量，就可以担负起治国的重任；拥有这不可估量的力量就是拥有国家的本源，这样国家就能长治久安。这就是天地万物能够根深蒂固、长久存在的道理。

名家解老 河上公：治国者当爱民财，不为奢泰；治身者当爱精气，不为放逸。夫独爱民财，爱精气，则能先得天道也。先得天道，是谓重积德于己也。重积德于己，则无不胜。

　　王弼：唯重积德不欲锐速，然后乃能使早服其常，故曰早服谓之重积德者也。国之所以安谓之母，重积德是唯图其根，然后营末，乃得其终也。

　　明太祖：治人苛以法，事天祈乃福，苛则人变，祈迭祸生。若能治人省苛，事天祀以理，广德以安民，则其德厚矣。虽不祈于天福，乃天福也。

　　经典赏析 本章所谓的"啬"，也就是治人事天的根本。老子"啬"的观念，在春秋末年的思想界是很独特的。

　　为此，张松如先生在《老子校读》中说道："啬者，亦俭也。啬就是留有余地；留有余地，才能早为之备；早为之备，才能在事物即将发生之项及时予以解决；在事物即将发生之项及时予以解决，才能广有蓄积；广有蓄积，自然就战无不胜攻无不克；战无不胜攻无不克，自然就具有了无穷的力量。老子认为大而维持国家的统治，小而维持生命的长久，都离不开'啬'这条原则，都要从'啬'这条原则做起。所以说它是'长生久视之道也'。啬与俭当然符合'无为而无不为'的思想，不过，如果强调它是一种消极、退守的政治倾向，就未免只从表面形式上看问题，不见得是看到了它的精神实质。"

　　这番论述颇有见地。所谓"啬"，老子认为，它就是在精神上注意积蓄养护，而非逞雄耀力。这与上一章"方而不割，廉而不刿，直而不肆，光而不耀"所表达的精神实质十分类似。

六十章　治国：细节定成败

治大国，若烹小鲜①。以道莅②天下，其鬼不神③。非④其鬼不神，其神不伤人；非其神不伤人，圣人亦不伤人。夫两不相伤⑤，故德交归焉⑥。

注释　①治大国，若烹小鲜：本句喻意为政之要重在安静无扰。小鲜，小鱼。②莅：临，治理。③神：显灵。④非：不惟，不仅。⑤两不相伤：神和圣人都不干扰人。⑥德交归焉：自然的禀赋全都得以回归。交，双双、先后、全都之意。

译文　治理大国好比煎烹小鱼（烹调时经常搅动，就不能保全）。圣人以"道"来治理天下，那些鬼神就不灵验了。不仅鬼神不灵验，神仙也不伤害人；不仅神仙不伤害人，有道的圣人也不伤害人。"神"和有道的"圣人"都不伤害人，所以百姓就能享受道德的恩泽。

名家解老　河上公：治国烦则下乱，治身烦则精散。以道德居位，治天下，则鬼不敢见其精神以犯人也。其鬼非无精神也，邪不入正，不能伤自然之人。

王弼：道洽则神不伤人，神不伤人则不知神之为神。道洽则圣人亦不伤人，圣人不伤人则不知圣人之为圣也。夫恃威网以使物者，治之衰也。使不知神圣之为神圣，道之极也。

明太祖：善治天下者，务不奢侈，以废民财，而劳其力焉。若奢侈者，必宫室台榭诸等徭役并兴擅动，生民农业废，而乏用国危，故设以烹小鲜之喻，为王者驭天下之式。

经典赏析 在前一章，老子主要讲述了节俭少费在治国中的重要意义。老子虽然没有明言治国必须秉承自然无为的宗旨，但节俭少费的前提条件则必须是自然无为，有为则有费。实际上，老子强调的还是自然无为的思想。这一章，老子所强调的仍然是自然无为，如"以道莅天下"就是强调以自然无为去治理天下。老子的无为思想贯穿《道德经》的始终，不管是为官还是为人，老子都提倡运用无为的思想来关照。

要保证国家的平安，执政者必须小心谨慎，认真严肃，不能以主观意志左右国家政治。"治大国，若烹小鲜"，它极其简练、形象地概括了这个极为复杂的治国谋略。可以说，不扰民，是老子所谓"无为"思想的真谛。

再者，在《道德经》一书中，老子很少涉及鬼神这个话题。本章谈到了鬼神，而恰好认为只要"以道莅天下"，则"其鬼不神"。可见，起作用的不是鬼神，而是人事，它符合"道法自然"的无为的规律。

六十一章　治国：以静为下

　　大邦①者下流②，天下之牝，天下之交③也。牝常以静胜牡，以静为下。故大邦以下小邦，则取小邦；小邦以下大邦，则取大邦。故或下以取④，或下而取。大邦不过欲兼畜人⑤，小邦不过欲入事⑥人。夫两者各得所欲，大者宜为下。

　　注释　①邦：一本作"国"。②下流：下游，水汇聚之处。③交：汇集，汇总。④或下以取：有时大国靠谦下而取信于小国。下，谦下。取，借为聚。⑤兼畜人：聚养人，即把人聚在一起加以养护。此处指网罗小国。⑥入事：侍奉，顺从，归附。

　　译文　大国要像江河的下游一样，处于雌性的位置，这是天下交汇的地方。雌性经常以安静胜过雄性，正因为雌性柔顺无争而居于下位。所以，大国对小国谦让，就能获得小国的信任和归顺；小国谦让大国，就能获得大国的容纳。因此，大国谦让就有所得，小国谦让就被包容。大国谦让小国只不过是容纳保护小国，小国谦让大国只不过是顺从侍奉大国。双方各有所得各有所求，所以大国应居于谦下忍让的地位。

　　名家解老　河上公：治大国如江海者居下流，不逆细微。大国，天下士民之所交会。牝者，阴类也。柔谦和而不倡也。女所以能屈于男，阴胜阳以安静，不先求之也。阴道以安。能谦下之，则常有之。

王弼：唯修卑下，然后乃各得其所。小国修下自全而已，不能令天下归之，大国修下则天下归之。故曰"各得其所欲，则大者宜为下"也。

明太祖：大国治小国，十分以抚怀之，则小国永臣而悦进焉。若小国能守臣分，朝贡以时，务其理则永保分茅胙土于一方，则常亲大国矣。

经典赏析 春秋末年，列国纷争。老子竭力反对战争，主张以和平的方式处理各诸侯国之间的关系。

任继愈先生在《老子新译》中如此分析本章："这里老子讲的大国统领小国，小国奉承大国，是希望小国大国维持春秋时期的情况，不要改变。他希望社会永远停留在分散割据状态。这是和历史发展的方向背道而驰的。"

老子学说的主要内容之一，就是小国寡民。国与国之间相安无事，和平相处。任继愈先生的分析固然有理，但我们认为，老子的思想并非仅停滞在那个地步。

纵观古今中外历史，人类社会能否得到安宁与和平，往往由大国、强国的国策所决定。大国、强国的欲望不过是要兼并和蓄养小国、弱国；而后者的愿望，则是为了与前者修好并和平共处。二者之中，关键一方还是大国、强国。所以，老子一再强调大国"居下"，不可以大凌小、以强凌弱。唯有这样，才能获得小国的信任。从而看出，老子所谓的"大者宜为下"，实际上就是为大国提供一种不用战争进行兼并、蓄养的策略。

六十二章　修身：淡泊无为

　　道者，万物之奥①，善人之宝，不善人之所保。美言可以市尊②，美行可以加人③。人之不善，何弃之有？故立太子，置三公④，虽有拱璧以先驷马⑤，不如坐进此道。古之所以贵此道者何？不曰：求以得⑥，有罪以免邪？故为天下贵。

　　注释　①奥：深，隐藏；庇荫。也可理解为不被人看见的地方。②美言可以市尊：美妙的言辞，可以换来别人的尊重和敬仰。③美行可以加人：高尚的行为可以见重于人。④三公：中国古代朝廷中最尊显的三个官职的合称，即太师、太傅、太保。⑤拱璧以先驷马：拱璧，指双手捧着贵重的玉。驷马，四匹马驾的车。古代的献礼，轻物在先，重物在后。⑥求以得：有求即可获得。

　　译文　"道"是万物归藏之地，是善人的珍宝，不善的人也要保持的东西。美好的言辞能够赢来人们对你的敬重，良好的行为能够见重于人，不善的人为什么要摒弃它呢？所以在拥立天子登位设置三公大臣之时，虽有拱璧在先驷马随后的礼仪，还不如献上这个清静无为的"道"，给他们作为治理天下的礼物。古代为什么尊重这个"道"呢？不正是有所求就有所得，有了罪过也能得到它的宽恕吗？所以"道"被天下人所尊重。

📖 **名家解老** 河上公：古之所以贵此道者，不日日远行求索，近得之于身。有罪，谓遭乱世暗君，妄行刑诛，修道则可以解死免于罪耶？道德洞远，无不覆济，全身治国，恬然无为，故可为天下贵也。

王弼：道无所不先，物无有贵于此也。虽有珍宝璧马，无以匹之，美言之则可以夺众货之贾，故曰美言可以市也，尊行之则千里之外应之，故曰可以加于人也。

明太祖：奥者幽深巨室，囊括万物之所，大道利济万物，君子以为至宝，恶人虽可暂得，不可常保。以其心不善也，即不善人之所保是也。

🐉 **经典赏析** 上一章，老子讲述了大国和小国的关系及应当持有的谦和态度。这一章，老子主要阐述道的宝贵和修道所应坚守的正确目的。讲道的宝贵，老子重提道的属性和功用：道是产生天地万物的本源，是贮藏万物的庇护之所，它时刻在保佑着天地万物；道是世界物质中未被感知的存在，对万物一视同仁，它评价万物不把万物的过去行为作为评价标准，而是把现行和将来的行为作为评价标准。因此，无论是好人还是坏人，当他体悟了道并掌握了道的理念精髓之后，道都是极其珍贵的宝物，同样在保全人的平安上发挥作用。

道为万物之奥，善人之宝，不善人之所保。其可贵之处就是"求以得，有罪以免邪"。这就是说，善人化于道，则求善得善，有罪者化于道，则免恶入善。道并不仅仅是为善良之人所领悟，不善之人并不被道所抛弃，只要他们一心向道，深切体会道的精髓内涵，即使有罪过也是可以免除的。老子在这里给人们，包括有罪之人提供了新的出路，这是很有现实意义的。

六十三章 修身：轻诺寡信

为无为，事无事，味无味。大小多少①。报怨以德。图难于其易，为大于其细。天下难事，必作于易；天下大事，必作于细。是以圣人终不为大②，故能成其大。夫轻诺必寡信，多易必多难。是以圣人犹难之，故终无难矣。

注释 ①大小多少：把大看作小，把小看作大；把多看作少，把少看作多。②不为大：指有道的人不自以为伟大。

译文 以无为的态度去作为，以不惹是非的态度去做事，以平淡无味的感觉当作味。大生于小，多源于少。对待困难要从容易克服的地方着手，要图远大必从细微的地方着手。处理天下的难事，必须从简易的地方着手；处理天下的大事，必须从细小的事情着手。所以圣人行事始终不贪大，必然能做成大事。那些轻易地许下诺言的人，能兑现的极少；将事情看成多么容易的人，必然招至很多困难。所以圣人对待困难总是很慎重，于是就没有困难了。

名家解老 河上公：因成修故，无所改作。预设备，除烦省事。深思远虑，味道意也。陈其戒令也，欲大反小，欲多反少，自然之道也。修道行善，绝祸于未生也。

王弼：以无为为居，以不言为教，以恬淡为味，治之极也。

小怨则不足以报，大怨则天下之所欲诛，顺天下之所同者，德也。以圣人之才犹尚难于细易，况非圣人之才而欲忽于此乎，故曰犹难之也。

明太祖：为无为，事无事，谓当可为之事，先利时而为之已尽，免致后多繁为而不安也。又无事之时，常恐有非理之事及于身，故先若有事而备之，乃得安于无事也。

经典赏析 "无为"是本章的旨意。圣人治理天下，均持"无为"的态度，即顺应自然的规律去"为"，所以称"为无为"。将这个道理推及日常生活之中去，就是要求人们以"无事"的态度去办事。因此，"无事"也就是希望人们从客观实际情况出发，一旦条件成熟，水到渠成，事情也就做成了。这里，老子不主张统治者任凭主观意志发号施令、强制推行政策。人要知味，必须先从尝无味开始，把无味看作味，这就是"味无味"，这是一个形象的比喻。

接着老子说"图难于其易"，这是提醒人们处理艰难的事情，必须先从细易处着手。面临细节的事情，切不可掉以轻心。"难之"，这是一种慎重的态度，缜密地思考，细心而为之。

"天下难事，必作于易；天下大事，必作于细"，也就是说，难事大事必须从易事小事开始，因此一开始就要认真对待，积少成多，由易入难，然后才能成功。轻易对待事情的人，鲜有成事的。"轻诺必寡信，多易必多难"，这种情况在现实生活中屡见不鲜。

本章格言，对于人们行事或求学，都是不移的至理。

六十四章　治国：慎终如始

　　其安易持，其未兆①易谋；其脆易泮②，其微易散③。为之于未有，治之于未乱。合抱之木，生于毫末④；九层之台，起于累土⑤；千里之行，始于足下。（为者败之，执者失之⑥。是以圣人无为，故无败；无执，故无失。）民之从事，常于几⑦成而败之。慎终如始⑧，则无败事。（是以圣人欲不欲，不贵难得之货；学不学⑨，复⑩众人之所过。以辅万物之自然，而不敢为。）

　　注释　①兆：迹象。②其脆易泮（pàn）：物品脆弱就容易破除。泮，破除、打散、消解。③散：化解。④毫末：细小的萌芽。⑤累土：堆土。⑥为者败之，执者失之：妄为将招致失败，强求将会希望落空。⑦几：将要，马上。⑧慎终如始：指在最后阶段，也要像开始时一样谨慎。⑨学：这里指办事有错的教训。⑩复：反、扭转，引申为纠正。

　　译文　事物稳定时就容易维持，事物无变化迹象时就容易图谋；事物脆弱时就容易碎裂，事物细微时就容易消散。在事情还未发生之时就要妥当处理，在祸乱还未产生之时就要着手治理。合抱的大树，生长于细小的幼苗；九层的高台，起筑于一小筐土；千里的远行，开始于脚下第一步。一般的人行事，经常在即将成功之时而失败，这是缺乏持之以恒的缘故。所以在事情即将成功之时要像起初那样慎重，就不会将事情败坏。所以，圣人追求人们不追求的东西，不看重人们想要的珍奇财物，学习人们不想学习的道理，并以此来扭转大家经常犯的错误。圣人辅佐万物的自然发展，从不轻举妄动。

名家解老 河上公：治身治国，安静者易守持也。情欲祸患，未有形兆时易谋正也。其未彰著，微小易散去也。欲有所为，当于未有萌芽之时塞其端也。治身治国，于未乱之时，当预闭其门也。

王弼：好欲虽微，争尚为之，兴难得之货虽细，贪盗为之起也。不学而能者，自然也。喻于学者，过也。故学不学，以复众人之过。

明太祖：经云大小多少报怨，此六字皆道理之未当，故有此，若能无此六过不足之怨，惟德是应，方成君子，超乎世人之上。凡世人之为事，多有中途而罢其事而不为者，往往有之。又戒慎终如始，则无败矣。

经典赏析 本章接着上章内容，老子谈的仍是事物发展变化的辩证法。

在日常社会中，为什么会出现"民之从事，常于几成而败之"的现象呢？老子认为，主要原因在于事情临近成功时，人们不够谨慎，开始懈怠，没有保持事情开始时的那种热情，缺乏韧性，没能做到"慎终如始，则无败事"。老子认为，一个人若发挥智能或技能的最佳状态，只有在心里平静的自然状态下才能做到。总而言之，在最后关头要像当初那样谨慎从事，就不会有失败的现象发生。

这一章里，老子从"大生于小"的观点出发，进一步阐述了事物发展变化的规律，说明"合抱之木""九层之台""千里之行"的远大事情，都是从"生于毫末""起于累土""始于足下"为开端的，形象地证明了大的东西无不从细小的东西发展而来的。

老子洞察了万物对生命的坚守，从来都不是通过变换表面形式来故弄玄虚，而是真诚地顺从自然，感到人类的许多行为确实是脱离自然界太远了。而且，人类这样犹如急行军一般前进，对生命质量的提高会有真实帮助吗？老子不认为人生应该如此度过。老子在此强调一切灾难和祸患都因有所作为和心理偏执而起，他说："是以圣人无为，故无败；无执，故无失。民之从事，常于几成而败之。慎终如始，则无败事。"

不试图有所作为，自然比较少有失败；个人行为不偏执，自然比较少有失误。老子认为，一般百姓做事情，因为不懂无为的道理，亦不能把一件事情从始至终地以一种极其慎重的态度来进行。他们虽然永远在忙碌着，却总在事情眼看就要成功的时候失败了。

六十五章 治国：回归质朴

古之善为道者，非以明①民，将以愚②之。民之难治，以其多智③。故以智治国，国之贼④；不以智治国，国之福。知此两者，亦稽式⑤。常知稽式，是谓"玄德"。"玄德"深矣，远矣，与物反矣⑥，然后乃至大顺。

注释 ①明：智巧，伪诈。②愚：敦厚、朴实，无巧诈之心。③智：巧诈，奸诈。不是指智慧、知识。④贼：祸患。⑤稽（jī）式：法式、法则，一本作"楷式"。⑥与物反矣：意为"德"和事物一起复归于真朴。反，通"返"。

译文 古时候善于行道的人，不是教育百姓使用巧诈，而是教育百姓善良忠厚。人民难以统治，是因为他们使用的智巧过多。所以，用智巧来治理国家，就会使国家受到危害；不用智巧来治理国家，才是国家的福泽。这两样治国的差别就是一个法式，永远知道这个法式，就称为"玄德"。玄德深奥、微妙，与事物一同归复到真朴，而后才能最大限度地顺其自然。

名家解老 河上公：使智慧之人治国之政事，必远道德，妄作威福，为国之贼。不使智慧之人治国之政事，则民守正直，不为邪饰，上下相亲，君臣同力，故为国之福也。

王弼：当务塞兑闭门，令无知无欲，而以智术动民。邪心既动，复以巧术防民之伪，民知其术，防随而避之，思惟密巧，奸伪益滋，故曰"以智治国，国之贼"也。

明太祖：有德之君，绝奇巧，却异财，而远声色，则民不争浮华之利，奇巧无所施其工，皆罢虚务而敦实业，不数年淳风大作，此老子云愚民之本意也，非实痴民。

经典赏析 本章若从字面上理解，很容易让人得出"为统治阶级出谋划策，而且谋划的都是阴险狡诈之术"的结论。诚然，古代封建统治者对人民群众实行的"愚民政策"，与老子说的"非以明民，将以愚之"不能讲毫无关系，但也不能得出直接的结论。就老子本意而言，他绝对不是为了迎合统治者的需要而提出一套愚民之术的。张默生先生在《老子》中说："他是愿人与我同愚，泯除世上一切阶级，做到物我兼我的大平等，这样自可减少人间的许多龃龉纷争。"

高延第在《老子证义》中说："愚之，谓反朴还淳，革除浇离之习，即'为天下浑其心'之义心之义，与秦人燔诗书，愚黔首者不同。"可见，老子与秦始皇嬴政的"愚民"之义，其出发点和目的都不同。秦室愚民，是要使人民丧失反抗的能力，而老子的"愚"，是希望人们不要被智巧、争夺搞得心迷神乱，不要泯灭原始的质朴、淳厚的人性，因顺自然，返璞归真。所以，在老子的哲学中，愚与淳朴是可以等同的，反对机智与反对巧伪是一致的。

六十五章 治国：回归质朴

六十六章　治国：低调的智慧

江海所以能为百谷王^①者，以其善下之，故能为百谷王。是以圣人欲上民^②，必以言下^③之；欲先民，必以身后之。是以圣人处上而民不重^④，处前而民不害。是以天下乐推^⑤而不厌^⑥。以其不争，故天下莫能与之争。

注释 ①百谷王：百川峡谷所归附的地方。王，归附。②上民：居于人民之上。即统治人民。③下：谦下。④重：重负，负担。这里指累、有负担、不堪重负。⑤推：推戴，拥护。⑥厌：厌恶，嫌弃。

译文 江海之所以能够成为河流所汇聚之地，是因为它本身就处于低下的位置，因此能够汇聚百川。所以，圣人要想处在人民之上成为统治者，必然要用言语对人民表示谦下；要想处在人民之前成为领导者，必然要将自己的利益放到人民的利益后边。因此，圣人的地位虽居于人民之上，而人民的负担并不沉重；圣人的地位虽居于人民的前面，而人民的利益并不受到损害。所以，天下的人们都高兴拥戴而不觉得厌恶。正因为圣人与人们无争，所以天下也就无人与他相争。

名家解老 河上公：江海以卑，故众流归之，若民归就王。欲在民上，法江海处谦虚。欲在民之前也，先人而后己也。

圣人在民上为主，不以尊贵虐下，故民戴而不为重。圣人在民前，不以光明蔽后，民亲之若父母，无有欲害之心也。圣人恩深爱厚，视民如赤子。故天下乐推进以为主，无有厌也。

明太祖：江河湖海至处低，所以能纳天下诸山川之小水，戒为君子为国家者，能容而且纳，大事成矣。若不处卑而处高，物极则反，高者低，低者高，理势之必然。是以昔圣人劳身心而安天下，所以民亲之爱之不怨，无有谋者。若失此道而他为，将有咎焉，人或争之不解。

经典赏析 这一章，老子开篇以一个十分常见的物理现象来引出自己的观点。我们都知道海纳百川，这在前面的章节里已经论述过。江海之所以能纳百川，是因为江海位于百川之下，它自甘卑下之位。所以，百川会自然地归属于它，从而成就了它的浩瀚，成了百川之王。老子拿统治者与之进行类比，说圣明的统治者之所以能领导民众，并得到民众的归顺和爱戴，最主要的原因是他不计个人得失，甚至将个人的私利放在民众的利益之后。他对待民众就如同江海对待百川一样谦和卑下，一切以民众为先，故而能够得到民众的尊敬和拥护。

我们联系老子所处的时代背景：春秋晚期，国家、社会、阶级、等级、地位、政权、政府、君主、大臣、贵族、王侯这些东西已全部出现并日趋完善，统治集团控制国家的统治地位亦已完全巩固，他们与人民大众之间形成地位分明的不同阶级。这时，不要说国家的最高领导者，就是一般的官员也已经用不着表现什么卑下的言辞和谦虚的姿态了。

老子本是富有谋略的智者，但由于他过于关注民众的苦难，也对国家政治含一些天真的幻想。他希望古圣贤们能够重新出现，或者是当时的领导者们能主动效法那些远古的圣人。他说：

六十六章 治国：低调的智慧

"是以圣人处上而民不重，处前而民不害。是以天下乐推而不厌。以其不争，故天下莫能与之争。"老子提倡领导者的卑下是真诚的。他认为，如果领导者做到了让人民没有任何受压迫的感觉，那么他不但会赢得国民的拥戴，而且会获得天下人的推举，天下就没有什么力量可以与他抗衡了。

张松如先生在《老子校读》中写道："'圣人'要想统治人民，就得用言辞对人民表示谦下；要想领导人民，就得把自身放置在人民后面。最后，要做到'居上而民弗重也，居前而民弗害也'。难道这不正是当时处于水深火热的广大农业小生产者的迫切愿望吗？事实上，封建统治者当中哪个能做到这一点呢？以不争争，以无为为，这是合乎辩证法的，这也是农业小生产者的经济特点及其阶级利益所决定的一种社会思想。当然，他只能把这种思想作为建议进献给他所理想中的体'道'的'圣人'。为什么一定会是这样呢？因为'他们不能代表自己，一定要别人来代表他们。他们的代表一定要同时是他们的主宰，是高高站在他们上面的权威，是不受限制的政府权力，这种权力保护他们不受其他阶级侵犯，并从上面赐给他们雨水和阳光'。从来的农民阶级都是皇权主义者，这在他们刚刚走上历史舞台的古时，更是如此。"

张松如先生的分析十分深刻。若说老子是在为统治者出谋划策，那么，他也是站在劳动者的立场上，是为国家和百姓的利益而呐喊。

六十七章　修身：吉祥三宝

　　天下皆谓我："道大①，似不肖②。"夫唯大，故似不肖。若肖，久矣其细也夫！我有三宝③，持而保之：一曰慈，二曰俭④，三曰不敢为天下先。慈，故能勇；俭，故能广⑤；不敢为天下先，故能成器长⑥。今舍慈且⑦勇，舍俭且广，舍后且先⑧，死矣！夫慈，以战则胜，以守则固。天将救之，以慈卫之。

　　注释　①大：非常大。"道"之大，至大无外，包含一切在内。②似不肖：不像任何具体的事物。肖，相似。③三宝：指三件法宝或三条原则。④俭：俭约，指要收敛并约束欲望。⑤广：大方。也有推扩之意。⑥器长：万物的首长，这里指众人的领袖。⑦且：取。⑧后、先：后，退让。先，争先。

　　译文　天下的人们都称赞"道"博大，不同于任何具体事物。正因为不同于任何具体事物，所以才能够博大。如果它相同于任何事物，那么它早就变得渺小了！我有三件法宝握着来保持它：一叫作柔慈；二叫作俭啬；三叫作不敢居于天下人之前。因为柔慈，所以才能使人勇武；因为俭啬，所以才能使人大方；因为不敢居于天下人之前，所以才能成为万物的首领。如果舍弃了柔慈而求取勇武，舍弃了俭啬而求取大方，舍弃了谦让而求取争先，结果是必死无疑！柔慈用来作战就能取得胜利，用来防守就能坚不可摧。天要树立谁，就用柔慈来护卫谁。

河上公：老子言天下谓我德大，我则佯愚似不肖。唯独名德大者为身害，故佯愚似若不肖，无所分别，无所割截，不贱人而自贵。

王弼：夫慈，以陈则胜，以守则固，故能勇也。节俭爱费，天下不匮，故能广也。唯后外其身，为物所归，然后乃能立，成器为天下利，为物之长也。

明太祖：三宝之说，因慈勇于行道，利济万物，因俭仓库实，不敢为天下先，言诸事物不肯先得先乐，乃成王基。若舍慈而勇，必贪必奢必狠。舍俭且广，言广用无时，舍后且先，志尽矣。

经典赏析 老子以大道来自述其身。大道是无形的，这在前面的章节中已进行了多次讨论。这一章，老子主要讲述道的原则在军政方面的具体运用。道的原则是什么呢？在前面的章节中早已涉及。这一章，老子对其做了总结性的表述。道的原则有三个，即老子所说的"三宝"：一是仁慈，也就是仁爱之心和同情之心；二是俭朴，可以理解为节俭、不奢侈；三是不敢为天下先，意思是不露锋芒、不争不夺、谦和卑下。这和老子的无为思想一脉相承，也可以说是无为思想的具体表现。

本章包含两层内容：第一层讲道之伟大；第二层讲道之原则的妙用。这两层内容之间是相互联系的，我们要从中领悟出两者之间的密切关联，而不应该将两者孤立起来解读。"天下皆谓我道大，似不肖。夫唯大，故似不肖。若肖，久矣其细也夫！"这段话是老子就大道的伟大而做出的描述。大道是什么样子的呢？它不像任何事物的样子，这正是大道的伟大之处。我们对此不免会产生疑问：是什么成就了道的伟大呢？又是什么将这种伟大得以保全呢？是老子文中所说的"三宝"，即慈、俭和不敢为天下先。

老子认为：正是因为仁慈，所以才能做到英勇无畏；正是因为节俭，统治者的统治地位才能长久，其领导的民众才能富足、安康；正是因为谦和退让，才能成为万物的尊长。我们可以从老子的思想进行推理得出：如果我们舍本逐末，就会走上绝路。这正如老子所言："今舍慈且勇，舍俭且广，舍后且先，死矣！"由此可见此"三宝"所具有的价值，老子称之为宝贝是恰如其分的。

最后，老子得出"夫慈，以战则胜，以守则固"的结论。乍一看，我们不免心里犯疑：对敌怀有仁慈之心，怎能取胜、守固呢？我们从老子的整个思想体系去分析，就不难理解老子此句中所包含的真意。老子主张无为，"慈"用另一个名词表达就是"无为"，无为而无不为，用在战争中自然能取胜，这是老子反对战争思想的表现。

佛教里有"因果报应"的说辞，我们也常说"善有善报，恶有恶报"。真正善良和仁慈的内心，其本身就是无比平和的。

六十八章　议兵：慎战不怒

善为士①者，不武②；善战者，不怒③；善胜敌者，不与④；善用人者，为之下。是谓不争之德，是谓用人之力，是谓配天⑤，古之极⑥也。

注释　①士：即武士，此处特指将帅。②不武：不崇尚武力。③不怒：不轻易发怒。④不与：不争，不正面冲突。⑤配天：顺应天意，符合天道。⑥古之极：自古皆然的自然法则，最高准则。

译文　善于领兵作战的将领，不逞其勇武；善于作战的人，不容易发怒；善于取胜的人，不与敌斗而胜；善于用人的人，对人谦下忍让。这就叫作与人无争的美德，这就叫作善于用人的能力，这就叫作合乎自然规律，是古代最高准则。

名家解老　河上公：贵道德，不好武力。善以道战者，禁邪于胸心，绝祸于未萌，无所诛怒也。善以道胜敌者，附近以仁，来远以德，不与敌争，而敌自服也。善用人自辅佐者，常为人执谦下也。谓上为之下也，是乃不与人争之道德也。能身为人下，是谓用人臣之力。能行此者，德配天也。是乃古之极要道也。

王弼：士，卒之帅也。武，尚先陵人也。后而不先，应而不唱，故不在怒。不与争也。用人而不为之下，则力不为用也。

明太祖：天鉴之外有四善者，吾不审何？智者能之非凶善，尽此四善，乃同天地，此章皆言有道之兵，奉天讨伪，将不妄为，存仁厚德，君将无忧，而祸平矣。

经典赏析 前面已提到《道德经》不是真正意义上的兵书，而老子就军事现象，为其辩证法思想提供论据。若认为《道德经》是兵书，那就将其内涵大大曲解了。本章的内容，老子既是讲用兵打仗又是讲辩证法的道理。

文中所谓的"善战者，不怒"，不妨与《孙子兵法·火攻篇》"主不可以怒而兴师，将不可以愠而致战"这句话结合起来读。孙子说，国君不能因一时之愤怒而发动战争，将帅不能因一时之气愤而出阵开仗。这一军事思想与老子在本章所讲的内容基本一致。

战争是国力、人力的较量，也是智慧的较量。"武""怒"是军事指挥者暴烈、失去理智的表现。一旦"怒"上心头，就会失去冷静，就不能客观地分析、研究敌我双方的优劣态势，而以主观臆断和愤怒的情绪代替客观实际，这种状况只会给国家和军队带来极大的危害和灾难。

这样的事例在战争史上屡见不鲜。因而，老子借这一主题，劝诫人们不要逞强好武，不要轻易动怒，避免与人正面冲突，充分发挥自己的聪明才智，善于利用别人的力量，以不争达到争的目的。所以，老子认为，这是符合于天道的，是亘古不变的准则。

157

六十八章　议兵：慎战不怒

六十九章 议兵：骄兵必败

　　用兵有言：吾不敢为主①，而为客②；不敢进寸，而退尺。是谓行无行③，攘④无臂，扔⑤无敌，执无兵⑥。祸莫大于轻敌，轻敌几丧吾宝⑦。故抗兵相若⑧，哀⑨者胜矣。

　　注释 ①为主：主动进击，攻打敌人。②为客：被动退守，不得已而应敌。③行：行列，阵势。④攘：奋臂。⑤扔：面临，面对。⑥兵：兵器，武器。⑦宝：指三宝，即慈爱、俭约、不敢为天下先。⑧抗兵相若：敌对双方实力相当。⑨哀：悲愤，哀痛。

　　译文 用兵的人曾经说过这样的话："我不敢贸然主动进攻，而是采取守势；不敢前进一寸，宁可后退一尺。"这就是说虽有阵势，却像没有阵势可摆；虽然奋臂举手，却像无臂膀可举；虽然面临敌方，却像无敌人存在；虽然把持着兵器，却像没有兵器可握。没有比轻视敌人更大的祸患了，轻敌差不多会丧失我的三大法宝。所以，若是两军对阵，双方实力相当时，往往是柔慈悲愤的一方取得胜利。

　　名家解老 河上公：彼遂不止，为天下贼，虽行诛之，不行执也。虽欲行仍引之心，若无敌可仍。虽欲执持之，若无兵刃可持用也。何者？伤彼之民，罹罪于天，遭于不道之君，愍忍伤丧之痛也。

王弼：言吾哀慈谦退，非欲以取强，无敌于天下也。不得已而卒至于无敌，斯乃吾之所以为大祸也。宝，三宝也，故曰几亡吾宝。

明太祖：非慈而不战，于心慈于众士之命，不得已而战，故守城必坚，纵被困围，天必加护，何知加护？以其心有所不忍战伤人命。奉天讨伪，将不妄为，存仁厚德，君将无忧，而祸平矣。

经典赏析 老子仍从军事学的角度，阐扬以退为进的处世哲学。关于本章，张松如先生在《老子校读》中说："今人或谓老子以退为进的方针，在军事方面，则表现为以守为主以守取胜的主张。这条总的作战原则是不对的，但老子提出的不可轻敌和双方兵力差不多相等的条件下悲愤的一方将获胜等见解，还有它合理的地方。"

战争中以守为主、以守取胜的主张，表现了老子反对战争的思想，同时也表明了他处世哲学中的谦退忍让、无为静柔的原则。本章老子提到的"哀兵必胜，骄兵必败"的道理，成为千古兵家的军事名言。

七十章　修身：曲高和寡

吾言甚易知，甚易行。天下莫能知，莫能行。言有宗①，事有君②。夫唯无知③，是以不我知④。知我者希，则⑤我者贵。是以圣人被褐⑥而怀玉⑦。

注释　①言有宗：言论有宗旨。宗，宗旨、主旨。②事有君：办事有一定的根据。君，根据。③无知：不理解。④我知：理解我。⑤则：效法。⑥被褐：被，穿着。褐，粗布，引申为粗布衣服。⑦怀玉：怀里揣着美玉，此处指胸中满怀知识和才能。玉，美玉，引申为知识和才能。

译文　我的话很容易理解，也很容易实行。但是天下就是没有谁能理解，没有谁能实行。言论要有一定的宗旨，做事情要有一定的根据。因为人们没有理解这些道理，因此，也就不理解我。能够理解我的人很少，效法于我的人就更加少了。因此，有道的圣人就像是外面穿着粗布衣服，怀里揣着宝玉（知识和才能）。

名家解老　河上公：老子言，吾所言省而易知，约而易行。人不好柔弱而好刚强。夫唯世人之无知者，是我德之暗昧不见于外，穷微极妙，故无知也。

王弼：可不出户窥牖而知，故曰甚易知也。无为而成，故曰甚易行也。惑于躁欲，故曰莫之能知也。迷于荣利，故曰莫之能行也。

明太祖：言有宗，文有首也。事有君，借物为主也。经云夫惟无知，言人不知我。知我者希，老子方贵，戏云圣人，被布袍，怀抱美玉，以其外贱内贵也。

经典赏析 老子的静、柔、俭、慈、无为、不争等理想和学说，都是符合于道、本于自然的主张。

在社会生活中应当被世人所理解、被人们易于实行的，但是，人们却拘泥于名利，急躁冒进，违背了无为的原则。老子试图对人们的思想和行为进行探索，对于万事万物做出根本的认识和注解，他以浅显易懂的文字讲述了深奥莫测的道理，正如身着粗衣而怀揣美玉一般。然而却不能被人们理解，更不被人们实行，因而他感叹道上"知我者希"。

有学者认为老子慨叹历史抛弃了他，而张松如先生在《老子校读》中认为："历史却并没有冷落他。单说先秦时期吧：相传春秋时的叔向、墨翟，战国时的魏武侯、颜触都曾引用过他的话；庄子则颂扬他'古之博大真人哉！'以宋钘、尹文为代表的稷下学人又继承了老子而发展为黄老学派；至于韩非，更有《解老》《喻老》之作。降至秦后，西汉初年，黄老之学一度居于统治地位。司马谈《论六家之要旨》，实突出道家，而司马迁《史记》并特为立传。演至东汉，甚至神化为道教的始祖了。凡此一切，总不能说是'历史抛弃了他'吧。"

通过上述分析，可见老子提出的主张在他所处的时代不能被人们接受，因而称他被所处的时代抛弃了，但他又被后世之人认可了。

　　老子的思想、主张有些被统治者接受了、采纳了，有些被推向至尊之地，被神化为道教之经典。

　　在我国历史上，怀才不遇、难以施展政治抱负的君子，又何止老子一人，孔子、屈原又何尝不是如此，但他们都被后世接受了。

七十一章　修身：知之为知之

知不知①，尚矣；不知知②，病也。圣人不病，以其病病③。夫唯病病，是以不病。

注释　①知不知：知道却不自以为知道。②不知知：不知道却自以为知道。③病病：以病为病，即把缺点当作缺点。病，毛病、缺点。

译文　知道自己还有所不了解，这就很高尚了。不知道却自以为有所了解，这就是最差劲的。圣人没有过错，因为他能将过错当作过错看待。正是因为他将过错当作过错看待，所以他没有过错。

名家解老　河上公：知道言不知，是乃德之上。不知道而言知，是乃德之病。夫唯能病苦众人有强知之病，是以不自病也。圣人无此强知之病者，以其常苦众人有此病。

王弼：不知知之不足任则病也。

明太祖：君子所为惟务无辙迹，果然，使人不知，乃上。本不可教人知，使彼知道，是谓之病。如此者，人本不知我，将谓人知，把做知道备，乃无病矣。故圣人行道，终世而无病，为守道之坚，持身以律。

经典赏析 老子在这一章谈到了人性的弱点之一：自以为是。其表现是刚愎自用。老子在前边的章节里，提出过"自知者明"的观点。我们也常说人贵有自知之明，只有真正地自知了，我们才不会固执己见、自以为是。老子说："知不知，尚矣；不知知，病也。"意思是说，知道自己的无知是高明的，而本来不知却以为是知就是弊病了。老子针对当时的人自以为是、自作聪明的病态，提出了严厉的控诉。他在对这些病态的人做了剖析之后，又将圣人的"不病"摆在世人的面前，以此进行对照，结果不说自明。圣人怎样呢？"圣人不病，以其病病。夫唯病病，是以不病。"老子说，圣人没有毛病的原因是圣人能承认自己的缺点和不足，并努力加以改正。长此以往，他也就没有什么毛病了。

《论语·为政》中孔子曰："知之为知之，不知为不知，是知也。"此处，老子说"不知知，病也"，可见孔、老都反对以不知为知之。

在社会生活中，自以为是、不懂装懂的人比比皆是。他们刚了解了事物的一些皮毛，就以为掌握了宇宙变化与发展的规律；有的人目中无人，一副智者的架势，用假话、大话骗人、害人。这些人在老子眼里是一文不值的，老子不以为然，并提出了严厉、尖锐的批评。老子推崇圣人，圣人贵在能承认自己的不足，而不是自以为是、刚愎自用。所以，圣人日益完善，成了大家学习的榜样。

七十二章 治国：宽则得众

民不畏威^①，则大威^②至。无狎^③其所居，无厌^④其所生。夫唯不厌^⑤，是以不厌。是以圣人自知不自见^⑥，自爱不自贵^⑦，故去彼取此。

注释 ①威：指统治者的镇压和威慑。②威：指人民的反抗斗争。其带来的祸乱的严重程度，令人难以想象。③狎：通"闸"，意为截断、关闭。④无厌：不压制，不压迫，不阻塞。⑤不厌：指人民不厌恶、反感统治者。⑥自见：自我显扬，自我表现。⑦自贵：自显高贵。

译文 如果百姓不畏惧暴力，那么就会有更大的暴力到来。不要压迫百姓使他们不能安居乐业，不要阻塞百姓谋求生存的路子。只要不压迫他们，他们就不会反抗领导者。因此，圣人有自知之明，也不自我显耀；有自爱之心，也不自我觉得高贵。所以，要摒弃自见、自贵，而求取自知、自爱。

名家解老 河上公：自知己之得失，不自显见德美于外，藏之于内。自爱其身，以保精气也。不自贵高荣名于世。去彼自见自贵，取此自知自爱。

王弼：清静无为谓之居，谦后不盈谓之生，离其清净，行其躁欲，弃其谦后，任其威权，则物扰而民僻，威不能复制民，民不能堪其威，则上下大溃矣，天诛将至，故曰"民不畏威，则大威至"。

明太祖：王臣及士庶修身谨行，止务大道焉。君天下者，以暴加天下，初则民若畏，既久不畏，既不畏方生，则国之大祸至矣，莫可释。

经典赏析 这一章，老子告诫统治者，对人民的压榨要有限度，压迫过甚，人民就会起来反抗。人民之所以发动反抗战争，主要是因为统治者对人民实施暴政，为了生存，人民只有反抗才会有出路。所以，老子警告，对待人民必须宽厚仁慈，"无狎其所居，无厌其所生"。他的目的并不是为统治者保全名位，而是站在人民的立场上警告统治者要好自为之，不可再作威作福、荒淫无耻、凶残无度了！老子说："不要逼迫人民，使人民不得安居，不要压榨人民，使人民无以生计。只有不迫害人民的生计，人民才不憎恶统治者。"民以"生"为本，如果连生计都难以维持，人民还惧怕什么苛政、威严呢？缺衣少食、居无定所，人们就不可能安于现状，社会发生动乱也就成了必然的事。

老子针对当时的社会现状，提出了自己的观点："是以圣人自知不自见，自爱不自贵，故去彼取此。"在老子眼里，圣明的统治者有自知之明。他们绝不会因位居高位而炫耀，更不会骄奢放荡、恣意妄为。他们懂得自爱，也懂得爱自己的民众。其实，自爱本身就是爱民的表现。反过来也成立，爱民就等于爱自己，因为人民是自己立身高位的基础，不爱民就等于不爱江山，不爱江山就等于不爱自己。老子拿高明的统治者的行为来暗示当时的统治者应如何立身处世，其忧国忧民的情怀可见一斑。

七十三章　治国：以柔克刚

　　勇于敢①则杀，勇于不敢②则活。此两者，或利或害③。天之所恶，孰知其故？（是以圣人犹难之④。）天之道⑤，不争而善胜，不言而善应，不召而自来，繟然⑥而善谋。天网恢恢，疏而不失。

　　注释　①敢：勇敢，刚毅，坚强。②不敢：柔弱，软弱，谨慎。③或利或害：一个于己有利，一个对己有害。④圣人犹难之：就连圣人在这件事情上也犯难。另一种解释为，圣人也难以解说这一问题。⑤天之道：自然的法则。⑥繟（chǎn）然：坦然，安然。

　　译文　勇敢坚强的人就会早死，懂得柔弱的人就能生存。这两者的结果是：善于柔弱者得利，勇敢坚强者得害。老天要憎恨勇敢、坚强，谁知道是什么原因呢？就是圣人也难以解释清楚它。天的运行规律是：不争斗而善于取胜；不言辞而善于应酬；不召唤而自动来到，虽迟缓而善于筹划。天就像一张广大无边的网，网眼虽宽疏却不漏失任何东西。

　　名家解老　河上公：天不与人争贵贱，而人自畏之。天不言，万物自动应以时。天不呼召，万物皆负阴而向阳。天道虽宽博，善谋虑人事。修善行恶，各蒙其报也。

王弼：谁能知天下之所恶，意故邪，其唯圣人。夫圣人之明，犹难于勇敢，况无圣人之明而欲行之也，故曰犹难之也。

明太祖：治天下务专常道，以利群生，勿尚苛暴。若苛暴，民为所杀者多矣。若果而行此，是谓勇。当法天地，施大道，如四时之常经，居动以时，顺其事而赏罚焉。则民被恩，活者多矣。

经典赏析 本章内容包含两层意思。第一层意思是柔弱胜刚强；第二层意思是天道自然。这两层意思彼此联系，互为沟通。这里，老子的主张十分明确，他认为：自然之道贵柔弱，不贵强悍妄为；贵卑下，不贵高端尊荣。这个原则不可违背。

关于这一点，有学者歪曲了老子的本意，认为老子只注重自然规律，忽视了人的主观因素，他是在宣扬退缩、胆小怕事的生活态度和命定论的思想。然而，这是一种误解。老子所宣扬的是自然规律，人们立身处世不可以违背自然规律，勇而敢是不遵循自然规律的肆意妄为，并非今天说的勇敢坚强的含义。勇而不敢是顺应自然规律，不以主观意志取代客观实际，并非软弱、怯懦的代名词。

老子一贯主张无为，这是他思想体系的核心。前面的诸多章节中，老子一再为我们阐释了无为的内涵。这一章，老子再一次提起，并提升到生死存亡的高度。勇敢是有一定的限度的，一旦超过了这一限度，就会转向反面，就不能称其为勇敢而只能称作鲁莽了。鲁莽是一种性格缺陷，在今天看来，鲁莽是不大可能遭杀身之祸的，而在当时就有可能被杀甚至株连九族，其后果是不堪设想的。所以，老子所说的"勇于敢则杀"并非夸张之辞。

七十四章 砭时：苛政害人

民不畏死，奈何以死惧之？若使民常畏死，而为奇^①者，吾得执^②而杀之，孰敢？常有司杀者^③杀。夫代^④司杀者杀，是谓代大匠斫^⑤。夫代大匠斫者，希^⑥有不伤其手矣。

注释 ①为奇：指为邪作恶、为非作歹之人。奇，奇诡、诡异。②执：捉住，拘押。③司杀者：指专管杀人的人，即行刑者。④代：代替。⑤斫（zhuó）：砍，削。⑥希：同"稀"，少。

译文 人民如果不害怕死亡，怎么能用死亡来威吓他们呢？人民如果害怕死亡，对于那些作恶多端的祸首，就把他抓起来杀掉。那么谁还敢为非作歹呢？通常有专门杀人的人代替专管杀人的部门去捕捉犯人。若是一个外行人代替高明的匠师去砍削木头，就很少有不砍伤自己手的了。

名家解老 河上公：治国者刑罚酷深，民不聊生，故不畏死也。治身者嗜欲伤神，贪财杀身，民不知畏之也。人君不宽刑罚，教民去情欲，奈何设刑法，以死惧之？当除己之所残克，教民去利欲也。

王弼：诡异乱群谓之奇也。为逆顺者之所恶忿也，不仁者人之所疾也。故曰常有司杀也。

明太祖：王者陈纲纪，各有所司，司之以道，民有可罪者，乃有司责之，官守法以治之，然如是犹有过误者，故违者君有所不赦。

经典赏析　本章是老子的政治主张。他认为，统治者施行苛政酷刑，滥杀百姓，压制民众，天下百姓苦不堪言。一旦他们不堪其苦，就不会畏惧死亡，此时再用死亡来恐吓他们，又有何益？统治者若不对人民使用严刑峻法，人民各得其所，安居乐业，就会畏惧死亡。在那种情形下，对于为非作歹之人，把他抓起来杀掉，还有谁敢干坏事？所以老子认为，应该把主观与客观两方面的情况考虑周全，并且采取宽容的政策。不按天道自然办事，荼毒生灵，草菅人命，只会带来无尽的祸患。

老子说，民众不害怕死亡。为什么人民会不怕死呢？这是一个令人疑惑的问题。我们联系当时的社会背景，就不难发现民不畏死的原因了。春秋晚期，社会动荡不安，当时的统治者荒淫无度，而且对人民施行苛刻的政令，甚至不惜屠杀人民来满足自己的欲望。生活在水深火热之中的人民朝不保夕，他们对生的渴望很淡漠。对于他们而言，死已不再可怕。在他们看来，生是痛苦的，死倒是一种最好的解脱。所以，他们自然不害怕死了。对于不怕死的人，以死相威胁还有什么意义呢？因此，老子质问："民不畏死，奈何以死惧之？"其中夹杂的愤懑情绪是我们能读得出的。老子之所以会愤然，是因为他对人民的仁爱和怜悯，以及他对生命的敬畏和尊重。

七十五章 砭时：治乱良方

民之饥，以其上食税之多，是以饥。民之难治，以其上之有为①，是以难治。民之轻死，以其上求生之厚②，是以轻死。夫唯无以生为③者，是贤于贵生。

注释 ①有为：有所作为，强作妄为。引申为施行繁苛之政。②以其上求生之厚：由于统治者奉养过于丰厚奢侈。③无以生为：不要使生活上的奉养过于丰厚。另一解释是，不刻意求生。

译文 百姓遭到饥荒，这是因为领导者谋取的赋税过多，所以百姓就受到饥荒。百姓之所以难以管理，这是因为领导者的苛政、强作妄为，所以百姓就难以治理。百姓之所以轻生不怕死，这是因为领导者的奉养过于丰厚奢侈，刮尽了民财，所以百姓才轻生不怕死。只有生活上不追求奢侈淫逸的人，才能远远胜过贪图享受的人。

名家解老 河上公：人民轻犯死者，以其求生活之道太厚，贪利以自危。以求生太厚之故，轻入死地也。夫唯独无以生为务者，爵禄不干于意，财利不入于身，天子不得臣，诸侯不得使，则贤于贵生也。

王弼：民之所以僻，治之所以乱，皆由上不由其下也，民从上也。

明太祖：治国务欲民实，无得重敛而厚科，若重敛而厚科，则民乏用矣。民既乏用，则盗贼之心萌，盗贼之心既萌，将必持戈矛而互相戕，是谓难治。

经典赏析 这一章顺承上一章，继续讲统治者和人民之间的矛盾对抗。

"民之饥，以其上食税之多，是以饥。"老子直截了当地揭示了人民忍饥挨饿的原因。人民之所以要忍受饥饿的煎熬，并不是因为人民懒惰，收不到可供解决温饱的粮食，而是因为人民的粮食都被贪婪、淫逸的统治者盘剥殆尽了。于是，人民不得不忍饥挨饿，日子过得不堪其苦，起来反抗也是必然的事。正所谓："哪里有压迫，哪里就有反抗。"

老子又提出了"民不畏死"的问题。人民为什么会不怕死？为什么会轻视死亡？上一章已做了阐释。在这里，老子对"民之轻死"的原因做了进一步的透析，他说是因"其上求生之厚"。所谓"求生之厚"，是指统治者对自己的奉养过于丰厚奢侈。统治者过于注重自身的安逸、享受，必然会减损人民对物质的占有和利用。人民缺衣少食，连基本的温饱都达不到，而统治者却穷凶极欲、恣意妄为。面对这种不公正的现象，人民实在忍无可忍，不惜冒着生命危险去超越法制。这是很容易理解的：人民连最基本的生活都满足不了，生是一种折磨，死反倒成了一种解脱。

老子在结尾以"夫唯无以生为者，是贤于贵生"作结，点出了统治者应坚持的人生态度。在老子看来，不追求生命的丰厚而又有所作为的人比厚养自己生命的人更胜一筹。统治者要清静寡欲，"无以生为"，以求得社会的安宁。

七十六章　修身：刚柔互用

人之生也柔弱①，其死也坚强②。草木③之生也柔脆④，其死也枯槁⑤。故坚强者死之徒⑥，柔弱者生之徒⑦。是以兵强则灭，木强则折。强大处下，柔弱处上。

注释 ①柔弱：指人活着的时候身体柔软。②坚强：指人死了以后尸体僵硬。③草木：一草一木。借指除人之外的任何事物。④柔脆：柔软，脆弱。⑤枯槁：用以形容草木的干枯。⑥死之徒：属于死亡的一类。徒，类的意思。⑦生之徒：属于生存的一类。

译文 人活着的时候身子是柔软的，人死了以后躯体就变得直挺硬。草木生长时柔软脆弱，死后就变得枯萎干硬。所以说，坚强的事物属于死亡一类，柔弱的事物属于生存一类。因此，以兵力强大而逞强就会招到灭亡，树木强盛就会招致砍伐。凡是强大的总是会处于下等地位，凡是柔弱的反居于上等地位。

名家解老 河上公：强大之兵，轻战乐杀，毒流怨结。众弱为一强，故不胜。木强大，枝弱共生其上也。兴物造功，大木处下，小物处上，大道抑强扶弱，自然之效。

王弼：强兵以暴于天下者，物之所恶也，故必不得胜。

明太祖：能知柔弱柔脆而皆生，坚强枯槁而皆死，其知修救乎？若君及臣庶，君用此道天下治，臣用此道忠孝两全，匡君不怠，庶人用此，家兴焉。反此道者，岂不坚强枯槁？

【经典赏析】经常用自然现象来阐扬深刻的哲理，这是老子的一贯手法。本章老子从"人生时柔弱，死时僵硬；植物生时柔脆，死乃枯槁；兵强则不胜，木强则折"等现象中，抽象出"强大处下，柔弱处上"的规律，充分发挥其"柔弱胜刚强"的奥义。

老子认为，世界上的东西，凡是属于坚强者都是死的一类，凡是属于柔弱者都是生的一类。所以，老子劝诫人们，人生在世，不要逞强斗胜，而应柔顺谦虚，有良好的处世修养。

清代名臣曾国藩说："做人，必须刚柔互用。只柔不刚，人就容易萎靡。只刚不柔，人就容易失败。刚，不是残暴，不是严厉，而是自强；柔，不是软弱，不是无能，而是谦让。做人做事，需要自强。追求名利，需要谦让。"从这段话里，能读出曾国藩对老子的"柔弱思想"研究得很透彻。曾国藩为人处世推崇老子的观点，却从来不在众人面前谈论老子的思想。所以在清代官场各种人事的倾轧下，曾国藩虽身居高位，依然能全名而归，全身而退。这都源于他的智慧谋略。

七十七章　砭时：夺弱益强

天之道①，其犹张弓与？高者抑②之，下者举之；有余者损③之，不足者补之。天之道，损有余而补不足。人之道④则不然，损不足以奉⑤有余。孰能有余以奉天下？唯有道者。是以圣人为而不恃⑥，功成而不处⑦，其不欲见贤⑧。

注释　①天之道：自然界的规律、法则。②抑：抑制，压低。③损：抑损，消减。④人之道：人类社会的规律、法则。⑤奉：供给，供奉。⑥恃：仗恃，倚仗。这里指不仗恃己力。⑦处：居。这里指自居有功。⑧见贤：表现自己的智慧和才干。

译文　天之道，也就是自然规律，大概就像拉弓射箭吧？拉高了就把它压低一点，拉低了就把它抬高一点；拉得太足了就放松一点，拉得不满就增加一点。所以，自然规律是减损有余增加不足。人之道，也就是社会法则，不是这样，它是减损不足的来供奉有余的。谁能做到减损有余的而奉献给天下不足的呢？只有有道者才能做到。因此，圣人是有所作为而一无所有，功成业就而不以之自居，他也不愿炫耀自己的恩德和才能。

名家解老　河上公：言张弓和调之，如是乃可用。夫抑高举下，损强益弱，天之道也。天道损有余而益谦，常以中和为上。世俗之人损贫以奉富，夺弱以益强也。

王弼：与天地合德，乃能包之，如天之道。如人之量，则各有其身，不得相均。如惟无身无私乎？自然，然后乃能与天地合德。言谁能处盈而全虚，损有以补无，和光同尘，荡而均者，唯其道也。是以圣人不欲示其贤以均天下。

明太祖：天道恶盈而好谦，所以大化如常，无昂而中不下，其功安在？乃损有余而补不足是也。凡治天下，国足用而无余，若乃有余，民穷矣。诚能以有余给民之不足者，则天下平，王道昭明焉。

经典赏析 老子出于对自然界和人类社会的观察，认为一切事物在其相互对立的矛盾中，都具有同一性。

在本章中，老子将"天之道"来与"人之道"进行了对比，主张"人之道"应该效法"天之道"，透露出一种朦胧的、模糊的平等与均衡的社会理想。

老子把自然界保持生态平衡的现象，归之于"损有余而补不足"。因此，他要求人类社会也改变"损不足以奉有余"的不合理、不平等的现象，"损有余以奉天下"。这体现了他的社会财富平均化和人类平等的观念。

老子将天道比作拉弓射箭，太高了就放低一点，太低了就举高一些，拉得太满了就减损一点，拉得不够就补充一些。意在表明，自然大道有余而益谦，也就是说，大道对满的、强的损之，对谦的、弱的益之，始终保持中和。

这一章是对"民不畏死，奈何以死惧之""民之饥，以其上食税之多"思想的继续和发展，表达了老子对执政者推行苛政的痛恨，对老百姓生活艰难困苦的同情。

七十八章 修身：水的智慧

　　天下莫柔弱于水，而攻坚强者莫之能胜。以其无以易之①。弱之胜强，柔之胜刚，天下莫不知，莫能行。是以圣人云：受国之垢②，是谓社稷主；受国不祥③，是为天下王。正言若反④。

　　注释 ①无以易之：没有什么能够替代它。易，替代、取代。②受国之垢：承担国家的屈辱。垢，屈辱。③受国不祥：承担国家的祸患。不祥，灾难、祸害。④正言若反：正面的言论如同反话一样。

　　译文 普天之下没有哪一样东西能比水更加柔弱的了，但是攻坚克强的力量却没有哪一样能超过水了。因为水的这种攻坚克强的力量是任何力量也改变不了的。弱可以胜强，柔可以胜刚，普天之下没有谁不知道这个道理，但是没有哪个能照此实行。因此，圣人说："能承受国家的耻辱，就叫作一国的君主；能承受国家的祸难，就叫作天下的君主。"正面的话好似反话一样。

　　名家解老 河上公：圆中则圆，方中则方；拥之则止，决之则行。水能怀山襄陵，磨铁消铜，莫能胜水而成功也。夫攻坚强者，无以易于水。水能灭火，阴能消阳。舌柔齿刚，齿先舌亡。知柔弱者长久，刚强者折伤也。君能受国垢浊者，若江海不逆小流，则能长保其社稷，为一国之君主也。君能引过自与，代民受不祥之殃，则可以王有天下。此乃正直之言，世人不知，以为反言。

明太祖：石坚而不坚，水不能入，由气先而水后，如此者虽坚无不透，虽刚无不柔，虽强无不弱，此即大化流行，不言而治矣。君天下者体，为臣下者效，士庶以此而律身，则世无恶矣。圣人量同天地，大德不吝，惠及生民，则天下卫社稷矣。君能寅畏上下，臣若时惧神明，士庶畏法奉祖，则君君臣臣，海内康宁，乐哉乎士庶，天下王。

经典赏析 本章老子以水为喻，说明"柔弱胜刚强"的道理。

老子认为，水表面上看来柔弱卑下，但它能穿山透石，淹田毁舍，任何坚强的东西都阻止不了它、战胜不了它。

所以老子坚信，柔弱的东西必能胜过刚强的东西。

老子所说的柔弱，并非软弱无力，而是柔中带刚、弱中有强、坚韧无比。

老子大力阐扬卑下屈辱的观念，体道的圣人甘居卑下柔弱的位置，对国家和人民实行"无为而治"。

本章最后一句话"正言若反"，是老子对全书中那些相反相成的言论的高度概括。比如：大巧若拙、大辩若讷、大直若屈、大成若缺、明道若昧、建德若偷、大方无隅、质真若渝……这些句子的结构类似，它们本来是互相排斥的、对立的，但在某种条件下，表示出某种特定事物的概念和它的对方具有了统一性，两者互相包容，彼此相同、一致。可见，"正言若反"概括了老子辩证法思想，其内涵十分深刻丰富。

七十九章　治国：赏善罚恶

和大怨，必有余怨，（报怨以德，）安可以为善？是以圣人执左契①，而不责②于人。有德司契③，无德司彻④。天道无亲⑤，常与善人。

注释 ①左契：收债的凭证，借据的存根。契，契约、借据。②责：讨债，索取。③司契：掌管借据的人。司，主管。④司彻：掌管税收的人。⑤无亲：没所偏爱。

译文 调解深仇重怨，必然还会遗留些残余的怨恨不能化解。这怎么能算是尽善尽美呢？所以圣人即使保存借约作为存根，也不强迫他人还债。有"德"的人就像圣人保存借约一样的大度，无"德"的人就像负责税收的官员一样苛刻。自然规律对待任何人都无亲近、疏远，但是它永远亲近、帮助有"德"的好人。

名家解老 河上公：杀人者死，伤人者刑，以相和报。任刑者失人情，必有怨及于良人也。言一人吁嗟，则失天心，安可以和怨为善也？古者圣人执左契，合符信也。但刻契之信，不责人以他事也。无德之君背其契信，司人所失。

王弼：不明理其契，以致大怨已至，而德以和之，其伤不复，故必有余怨也。左契防怨之所由生也。有德之人念思其契，不念怨生而后责于人也。彻，司人之过也。

明太祖：君能释天下之大怨，则坐朝堂而布大道，修明政刑，释无辜，刑有罪，赈贫乏，而中税敛，欲使民余而不尽其所有，则冤解而怨平，上帝可亲矣。

经典赏析《道德经》七十七章有"天之道，损有余而补不足"的句子，本章有"圣人执左契，而不责于人"一句，两者的意义相同。老子希望人们做有德行善之人，才可能得到天道的庇护。因为"天道无亲"，对万事万物都极公正，并非对哪一物有特别的感情。有德行善之人，他之所以得到"天"的帮助，是因为他顺应自然规律，是他自身努力的结果。这是对那些剥削者进行劝说，劝他们行善积德不要扰害百姓，否则会受到自然规律的惩罚。

八十章 治国：小国寡民

小国寡民①。使②有什伯③之器而不用，使民重死④而不远徙⑤。虽有舟舆⑥，无所乘之；虽有甲兵⑦，无所陈⑧之。使民复结绳⑨而用之。甘其食，美其服，安其居，乐其俗。邻国相望，鸡犬之声相闻，民至老死，不相往来。

注释 ①小国寡民：使国家变小，使人民变少。②使：即使。③什伯：极多，多种多样。④重死：看重死亡，不轻易冒生命危险去做事，亦即爱惜生命。⑤徙：迁移，远走。⑥舆：车子。⑦甲兵：铠甲和武器，泛指武器装备。⑧陈：陈列，引申为布阵交锋。⑨结绳：文字产生以前，人们用绳子打结的方法来记事。

译文 国家要小，人口要少。即使有各式各样的新式器具，也不使用；使人民珍惜生命，而不向远方迁移。即使有车船，也没有乘坐的必要；即使有武器装备，也无地方去摆阵作战。让人民再用远古时代结绳的方法去记事。人民吃得甜美，衣服穿得漂亮，居住的地方安逸，生活得愉快。相邻的国家彼此可望见，鸡鸣犬吠之声相互能听见，但人民从生到死也不往来。

名家解老 河上公：圣人虽治大国，犹以为小，俭约不奢泰。民虽众，犹若寡小，不敢劳之也。使民各有部曲什伯，贵贱不相犯也。器，谓农人之器。而不用者，不征实夺民之时。君能为民兴利除害，各得其所，则民重死而贪生也。政令不烦则安其业，故不远迁其常处也。

王弼：使民虽有什伯之器而无所用，何患不足也。使民不用，惟身是宝，不贪货赂，故各安其居，重死而不远徙也。

明太祖：间有能治国者，绝奢去玩，务道恤民，天乃佑，四时序，风雨调，民遂耕营，仓廪实而衣被充，乐其乐而人善终，封疆虽无守而自坚，关键不闭而难入，虽有巨舟革乘，力士千钧，皆无所施，而无所陈。

经典赏析 老子所描绘的理想的社会模式是小国寡民，它反映了中国古代社会自给自足的生活方式。

从前面诸多章节的叙述中，我们不难体悟到老子所处时代的特征：战乱、压迫、贫瘠、饥饿、荒淫、贪婪……面对这样一个让人难以忍受的时代，老子有一种逃离的欲望，这种欲望是正当的，而绝非奢望。如何逃离？老子没有明说，而是向我们描述了他理想中的国度的情景：国家小得犹如一个安静的村落，国民也很少，虽然国小人少，但人民是富足的，各种器具应有尽有，但人们都不去使用这些器具；统治者清心寡欲，不对人民横加干涉，让他们生活得幸福安康，对生命的存在极为重视。为了不浪费时间和精力，他们不向远方迁徙。他们虽然有船和车作为代步工具，但他们从不去乘坐；天下太平，即使拥有实力雄厚的甲兵，也无用武之地。使人民恢复到结绳记事的远古时代。

东晋诗人陶渊明写了千古传诵的《桃花源记》，陶渊明幻想的桃花源就是一个"小国寡民"的典型例证，他多少或许是受了老子理想国的影响吧。

八十一章　修身：说话艺术

信言①不美，美言不信。善者不辩②，辩者不善。知者不博③，博者不知。圣人不积④，既以为人，己愈有⑤；既以与人，己愈多⑥。天之道，利而不害⑦；圣人之道⑧，为而不争。

注释　①信言：真实可信的话。②辩：巧辩，花言巧语，能说会道。③博：广博，渊博。④圣人不积：有道的人不自私，没有占有的欲望。⑤有：充实。⑥多：与"少"相对，这里指丰裕。⑦利而不害：使万物得到益处而不加以伤害。⑧道：法则，这里指行为准则。

译文　真实可信的话并不好听，好听的话并不真实。言行善良的人并不能说会道，能说会道的人并不纯朴善良。知识渊博的人并不卖弄自己，炫耀卖弄自己的人并不真有知识。圣人不自私也无占有之心，而是尽力帮助他人，使自己更加充实；尽自己的一切力量来帮助他人，自己反而更加丰富。天之道是使万事万物都得到利益而不损伤它们；圣人的行为标准是有所施予而无所争执。

名家解老　河上公：善者以道修身也，不辩者，不文彩也。辩者，谓巧言也。不善者，舌致患也。山有玉，掘其山；水有珠，浊其渊；辩口多言，亡其身。知者，谓知道之士。不博者，守一元也。博者，多见闻也。不知者，失要真也。圣人积德不积财，有德以教愚，有财以与贫也。既以财贿布施与人，而财益多如日月之光，无有尽时。

王弼：实在质也。本在朴也。极在一也。无私自有，唯善是与，任物而已。

明太祖：古圣人德不自张，功不自任，以此上天下若己之所有为。无者济之，因济他人，自己有多矣。是故愈与彼则己甚多，所以上帝好生恶杀，圣人君子体而行之，遂得。虽终世而人不忘，以其德同天地。

经典赏析 老子说："信言不美，美言不信。善者不辩，辩者不善。知者不博，博者不知。"信与美、善与辩、知与博，实际上是真假、美丑、善恶的问题。老子试图说明某些事物的表面现象和其内在实质往往并不一致。其间包含有丰富的辩证法思想，足以评判人类行为的道德标准，其警世之意灼然可见。

"天之道，利而不害；圣人之道，为而不争。"这是全章的总结，也是整部《道德经》的总结。老子以一句极富鼓动性的话结束了五千言。苍茫的天地之间，人类就如同浩瀚大海里的游鱼，成群结队，大小不一。我们要参与竞争，我们要成长、衰老、消亡，我们都喜欢生而讨厌死，因为生是幸福的。抬头看天上的星星，低头看草叶上的露珠，这一切都是那么让人欣喜和感动。天地给予我们的绝非仅仅这些，这些美丽的事物是天地给予我们的礼物。它无私地给予，让我们人类尽情地享受着它带给我们的美好。它不要求回报，更不用说伤害我们了。圣人也是如此，他只是默默地奉献而不要求我们的回报，和万物没有纷争、没有打斗，只有奉献，没有索取，更没有欲望和妄为。这是多么幽远、高深的境界，但他看起来又是这般普通！